안녕,
클레버

안녕, 클레버

10대 꿈잡이 안내서

김나예
남상욱
오시윤
정사랑
황채민

포르체

차례

1. 내일부터 말고 오늘부터!
열정으로 달리는 만능 리더 열정 나예

2. 조금 느려도 괜찮아요!
언제나 웃음 많은 발랄 요정 긍정 시윤

3. 하고 싶은 게 너무 많아요!
도전을 멈추지 않는 꿈꾸는 래퍼 도전 사랑

4. 나는 할 수 있어요!
마법의 주문을 외우는 씩씩한 막내 자신감 채민

5. 있는 그대로의 내가 좋아요!
꿈을 향해 묵묵히 걷는 우직한 노력과 인내심 상욱

김나예
15세

안녕하세요! 톡톡 튀는 비타민 15살 리더 김나예입니다!!
저는 지금 EBS <생방송 톡! 톡! 보니하니>에 보니하니 크루로
출연하고 있어요!
저희 가족은 아빠, 엄마, 큰오빠, 작은오빠, 저 그리고 누룽지
이렇게 여섯입니다. 먹는 누룽지 아니고요, 저희 집 강아지 이름이
누룽지예요. 누룽지는 프렌치불도그인데 에너지가 엄청나요!
강아지는 주인을 닮는다는데 주변 분들이 저를 닮았다고 하세요.
저도 활발한 성격이거든요.
저는 요즘 요리에 푹 빠져있답니다. 제가 만든 음식을 가족들 모두
너무 맛있다며 또 먹고 싶다고 할 때 기분이 정말 좋아요!
저는 국어와 미술 과목을 좋아해요. 수학은 너무 어렵지만 시간이
날 때마다 오빠 찬스를 써서 함께 공부한답니다.
저의 꿈은 배우예요! 꾸준히 연기 연습을 하고 있는데요, 거울을
보면서 이런저런 연기를 하거나 발음을 녹음해서 들어 보고
마음에 안 드는 부분이 있으면 그 부분을 위주로 또 연습합니다.
보컬 연습도 계속 하고 있는데, 소리 내기 어려운 음정이 있으면
발음하기 편한 글자로 바꾼 뒤에 낮은음부터 시작해서 천천히
음을 올려 연습하곤 한답니다.
앞으로도 열심히 노력하는 나예가 될 테니 지켜봐 주시고 많이
많이 응원해 주세요!!
클둥이 뮤블리 여러분 사랑해요♥

오시윤
13세

안녕하세요! 러블리한 비타민 13살 오시윤이에요!
저는 엄마, 아빠와 셋이 살고 있는데 바로 옆 동에 할머니,
할아버지가 살고 계셔서 거의 매일 놀러 가요! 저는 할머니가
해주시는 모든 반찬을 제일 좋아해요.
어릴 때부터 몸으로 하는 건 다 좋아해서 수영, 한국무용, 발레,
방송 댄스, 스포츠댄스 등을 배웠어요! 작년부터는 악기에도
관심이 생겨서 기타를 배우기 시작했어요. 지금은 취미가 기타
연주라고 할 수 있을 정도로 열심히 하고 있어요! 요즘에는 기타
이외에도 피아노나 드럼도 배워 보고 싶어요.
저는 태블릿 PC에 제가 춤추는 영상을 넣어 두고 집에 있을 때나
차로 이동할 때 보곤 해요. 그러다가 동작이 좀 이상하거나 잘
안 되는 부분을 발견하면 노래를 느리게 재생해서 반복해 보고
조금씩 속도를 올리면서 연습한답니다. 보컬 연습을 할 때는
원곡의 노래를 먼저 듣고 가사의 호흡, 밴딩 등을 체크해 두었다가
그걸 보고 연습해요!
지금은 대부분 어린 친구들이 좋아해 주는데 이제 점점 실력을
쌓아서 어린 친구들뿐만 아니라 성인분들도 좋아해 주시는 유명한
아이돌이 되고 싶어요!!

정사랑
13세

안녕하세요! 비타민의 사랑입니다!
저희 가족은 엄마, 아빠, 오빠, 언니, 남동생 그리고 저예요!
제 취미는 요리와 만들기예요! 옛날부터 요리를 좋아했는데
이제는 혼자서도 요리할 수 있게 되었어요.

달걀프라이를 시작으로 달걀볶음밥, 스파게티 등등 많은 요리를
해봤고요. 아빠가 달걀말이를 엄청 좋아하셔서 제가 종종 만들어
드리기도 한답니다. 요리를 하면 가족들이 좋아해 주고 맛있다고
칭찬해 주시니 자꾸만 하고 싶고 만들어서 나눠주고 싶더라고요.
요리 외에도 상자 같은 걸 모아서 무언가를 만들거나 색종이 접기
같은 것도 좋아해요!
저는 춤, 노래, 연기를 계속 연습하고 있어요. 춤 연습을 할 때는
노래를 느린 속도로 틀어 두고 연습한 뒤에 모르는 부분이나
잘 안 되는 부분을 반복합니다. 노래도 가이드 음원을 들으면서
MR(반주 음악)에 녹음해 보고 잘 안 되는 부분을 반복해서
연습하려고 해요. 연기 연습을 할 때는 대사 내용을 먼저 파악한
뒤에 대사를 외우고, 그런 다음 거울 앞에서 동작을 하면서 연기를
해봐요. 카메라로 찍으며 연습할 때도 있답니다!
제 꿈은 여러 가지인데요, 연예인은 물론이고 수의사나 요리사가
되어 보고 싶기도 해요!

황채민
12세

안녕하세요. 귀엽고 깜찍한 비타민 12살 황채민입니다!
저는 아빠, 엄마, 외할머니, 외할아버지, 저희 강아지 사랑이와
함께 살고 있습니다.
저는 발랄한 성격이고요. 할아버지, 아빠와 함께 연날리기, 그림
그리기, 그리고 전자 드럼 연주가 저의 취미예요.
저는 친구들과 이야기하고 뛰어노는 시간을 좋아해서 학교 생활이
너무 재미있어요! 요즘은 친구들과 자전거도 타고 씽씽카도
탄답니다. 제가 좋아하는 과목은 영어이고 싫어하는 과목은
수학이에요.
저는 사진 찍는 것도 좋아해요. 이번에 생일 선물로 받은

폴라로이드 카메라로 사진을 찍어봤는데 정말 예쁘고 느낌이 좋더라고요. 제 사진보다는 주로 구름, 하늘 등을 찍고 있어요. 제 꿈은 아이돌이에요. 제가 노래 부르거나 춤추는 모습을 영상으로 촬영하고 그 부분을 공책에 적은 뒤에 틀린 부분을 반복해서 보고 다시 찍어서 확인하는 방법으로 계속 연습하고 있어요. 노래도 잘하고 춤도 잘 추고 연기도 잘하는 만능 아이돌이 되어서 팬들께 기쁨을 드리고 싶어요! 꿈을 이루기 위해서는 연습도 많이 하고 노력도 많이 해야겠죠? 열심히 하겠습니다!

남상욱

16세

....

안녕하세요, 16살 배우 남상욱입니다! 처음에 부모님의 의지로 이 일을 시작하게 되었지만, 하다 보니 어느새 재미가 붙어서 지금까지 해오고 있답니다. 악플이 달리기도, 학교 친구들에게 놀림을 받기도 해서 힘들 때도 있지만, 촬영을 할 때 잘했다고 칭찬을 받거나 완성된 작업물을 보면 뿌듯해서 더 의욕이 생깁니다. 저는 주로 혼자 연습을 하는데요, 연습할 때 제 모습을 촬영하고 모니터링하면서 부족한 점을 채워 나가려고 합니다. 저에게 연기란 제 삶의 절반이 넘는 시간 동안 해온 것이라 이젠 그냥 생활의 일부분이 된 것 같아요. 제가 약간 코믹한 시트콤 스타일의 연기를 하다 보니 시청자분들께 많은 웃음을 드릴 수 있어서 그럴 때 보람을 많이 느낍니다. 하지만 그런 코믹함을 연기로 보지 않으시고 제 실제 모습도 좀 바보스러울 거라고 생각하는 분들도 있어서 그럴 때는 힘들기도 해요. 연기는 연기로 봐주셨으면 좋겠어요!

우리는 꿈꾸는 아이들

여러분은 지금 무엇을 꿈꾸고 계시나요? 꿈은 생겼다가도 사라지고, 하고 싶은 일이 엄청나게 많다가도 어느 날은 뭘 하고 싶은지 전혀 모르겠을 때도 있지요. 꿈이 생겼다 해도 그걸 이룬다는 게 막연하게 느껴지기도 하고요. 하지만 괜찮아요. 우리는 아직 어리고, 앞으로의 시간들이 어떤 모양과 빛깔로 채워질지 모르는 건 당연하잖아요. 다만 내가 무엇이 되고 싶은지는 아직 모르더라도, 나의 하루하루를 반짝이고 행복한 순간들로 채우고 싶은 마음은 누구나 마찬가지 아닐까요? 아직은 무엇이 피어날지 모르지만, 나만의 마음속 정원에 설레는 내일의 씨앗을 심어 두는 것, 어쩌면 그게 바로 '꿈'이라는 생각이 들어요. 비타민은 그 꿈을 가슴에 품은 채 자라나고 있는 친구들이랍니다.

비타민은 2015년 10월 7일에 데뷔한 키즈돌이에요. 멤버 모두가 초등학생부터 중학생 나이의 친구들이지요. 여느 또래들처럼 아침에 일어나서 씻고, 아침밥을 먹고, 학교에 가서 친구들과 공부하는 평범한 일상을 보내지만 그 이후의 하루는 조금 달라요. 수업을 마치면 연습실에 모여서 노래, 춤, 연기 연습을 하고, 쉬는 시간에는 재미있게 놀다가도 또 땀방울을 흘리며 집중하고, 클레버TV 유튜브에 올라갈 재미있는 영상을 촬영하기도 해요. 노래와 춤으로 멋진 공연도 하고, 뮤직비디오도 찍고, 연기나 예능, 광고를 선보이기도 하는 등 하루하루를 바쁘게 보내고 있답니다.

서로 사는 곳도 다르고, 성격도 다르고, 좋아하는 것도 잘하는 것도 다른 친구들이지만 같은 꿈을 꾸면서 이렇게 하나의 비타민으로 모이게 되었어요. 각자 다른 색깔을 지닌 친구들이 모여 어떤 비타민이 탄생할지, 어떤 모습과 결과를 만들어 낼 수 있을지 저희도 처음에는 잘 몰랐던 것 같아요. 하지만 같은 길을 향해 걷고, 열심히 노력하고, 서로의 꿈을 바라보고 응원해 주면서 어느새 우리도 상상하지 못했던 멋진 비타민이 탄생하게 되었어요.

하지만 공연과 영상 속에서 보여 주는 예쁘고 완벽한 모습과 달리, 사실 비타민이 남들과 다른 특별한 친구들은 아니랍니다. 그저 내가 되고 싶은 모습에 대한 꿈을 꾸고

13

그 꿈을 조금 빨리 좇는 중이지요. 지금도 비타민을 보면서 꿈꾸는 친구들이 많듯이, 지금의 비타민 멤버들도 '나도 무대 위에서 노래하고, 연기하고 싶다'라는 작은 소망을 지니는 데서 시작했어요. 그 간절한 마음을 품고 있는 것만으로도 꿈을 이루기 위해 준비하는 과정이 힘들지 않고 오히려 즐겁게 느껴지더라고요.

무언가를 좋아하고 그려 보는 마음을 갖는다는 건 정말 멋진 일이에요. 매일 똑같이 반복되는 일상 속에서 나의 미래를 상상하게 되고, 마치 신나는 이벤트가 매일 벌어지듯 내일을 기대하게 되거든요. 놀이공원에 가는 날을 손꼽아 기다리는 것처럼 말이에요. 놀이공원에 가는 그날을 기다리는 하루하루가 설레고 들뜨는 것처럼, 꿈을 꾸는 사람이라면 누구든지 그런 기대와 설렘을 느껴 볼 수 있답니다.

물론 지금 꿈을 가진다고 해도, 어른이 되어야만 그 꿈을 이룰 수 있을지도 몰라요. 그런데 꼭 나중에 커서 어떤 어른이 되는 것만이 중요한 걸까요? 어쩌면 지금 이 순간도 나이가 어린 대로, 아직 완성되지 않은 채로, 매 순간 자라고 변화하고 있는 채로도 우리는 이미 '무엇'이 되어 있는 게 아닐까요? 꿈이 이루어질 때만 꼭 의미가 있는 건 아닌 것 같아요. 꿈을 꾸고 있는 그 순간 자체도 우리에게 충분히 가치 있고 소중한 시간이라고 생각하거든요. 지금 나에게 즐겁고 행복한 것들을 생각하면서 하루하루를 나만의 빛나는 페이지로 채워 가는 것도 정말 특별한 일이에요.

사실 비타민이 이미 많은 활동을 하고 있기 때문에 한편으로는 꿈을 다 이룬 것처럼 보일 수도 있지만, 우리 앞에 놓인 수많은 방향과 가능성의 세계에서 우리가 또 어떤 꿈을 꾸게 될지는 모르겠어요. 지금의 비타민에 머물러 있지 않고 계속해서 성장하고, 여전히 행복해지기 위한 꿈을 저희도 이어 나가고 있답니다.

이제 비타민이 어떤 꿈의 씨앗을 심고 어떻게 피워 냈는지, 내 작은 방의 침대에 누워 꿈꾸던 아이가 어떻게 무대 위에서 춤추고 노래하는 비타민이 되었는지 그 생생한 이야기를 들려 드릴게요. 이 책을 읽는 친구들도 각자의 소중한 꿈을 떠올려 보면서, 비타민과 마음속으로 서로를 응원하는 든든한 친구가 되어 준다면 정말 기쁠 거예요.

1. 내일부터 말고 오늘부터!

열정으로 달리는
만능 리더 열정 나예

나도 TV에 나오고 싶다!

최근에는 신곡을 준비하고 있어서 매일 연습실에 나가고 있어요. 클레버 건물 앞에 도착하면 바쁜 걸음으로 서둘러 연습실에 올라가요. 연습하러 온 건데도 얼른 신곡 무대를 완성해서 보여 드릴 생각에 오히려 에너지가 조금씩 충전되는 느낌이에요. 신기하죠? 생각해 보면 저도 잘 모르겠어요, 언제부터 이렇게 춤추고 노래하는 게 완전히 일상으로 녹아들었는지. 먹고 자고 숨 쉬는 일처럼 '비타민'은 언제부턴가 저의 일부가 되었어요.

"엄마, 나 춤출 테니까 영상 찍어 주세요!"

제가 기억하는 최초의 순간부터 전 이미 춤추는 걸 좋아했던 것 같아요. 부모님 말씀으로는 걸음마 시작하고부터 음악만 나오면 춤을 췄다고 하시더라고요. 심지어 조금 더 크니까 온 식구들을 모아서 꼼짝 못 하게 잡아 두고 한 시간 넘게 춤을 췄대요. 물론 엉망진창이었겠지만 못해도 상관없이 그냥 춤을 추는 것 자체가 설레고 재미있었던 것 같아요. 사람들 앞에서 보여 주면서 뿌듯해하고요. 꼭 제가 TV에 나오는 멋진 아이돌 가수가 된 것처럼 말이에요.

제대로 연기나 춤을 배우기 시작한 건 다섯 살 때였어요. TV에 나오는 연예인들을 보면서 막연하게 '나도 TV에 나오는 사람이 되고 싶다'고 생각하고 관심을 갖기 시작했지요. 그러다 클레버 초창기 멤버로 합류하게 되었는데, 클레버에 들어왔을 때 무엇보다 '좋아하는 춤을 제대로 배울 수 있겠구나!'라고 생각하니까 너무 신났어요. 그때만 해도 아무것도 모르고 오로지 춤이 재밌다는 마음뿐이던 아이였으니까요.

춤, 노래, 연기를 처음부터 차근차근 배우다가 오디션을 보고 본격적으로 비타민에 들어온 뒤, 2015년에 처음으로 1집 앨범이 나왔어요. 그때 얼마나 떨렸는지 지금도 기억이 생생해요. 키즈 아이돌인 비타민은 사람 몸에 꼭 필요한 영양소인 비타민처럼, 보시는 분들께 힘을 드리고, 또 상큼하고 톡톡 튀는 모습을 보여 드리고 싶다는 뜻이 담겨 있는 그룹이에요. 비타민은 키즈 아이돌인 만큼 어린 나이대의 멤버가 유동적으로 바뀌는 그룹이라 주기적으로 오디션을 봐서 새 멤버를 뽑기도 하고, 또 활동하던 멤버가 학업이나 개인 사정 등으로 나가기도 하는데요, 저희는 이걸 '졸업'한다고 해요. 저는 비타민 1집부터 쭉 함께하고 있는 원년 멤버이기도 하답니다.

1집으로 처음 녹음했던 곡은 〈해피데이〉였어요. 학교가 끝난 후에 다 같이 모여 운동장에서 신나게 뛰어놀자는 밝은 에너지를 담은 곡이에요.

눈부신 저 햇살과
시원한 저 바람과
늘 함께 해주는 다정한 내 친구

우리 둘 손잡고
뛰놀면 행복해
나와 함께 해줘
소중한 내 친구야

– 비타민 〈해피데이〉 중에서

지금처럼 개인 파트가 많지 않고 거의 다 함께 부르는 파트였는데도 내가 잘하고 있는 건지, 녹음이 잘 되고 있는 건지 정신이 하나도 없었어요. 어리기도 하고 처음이라 모르는 게 많아서, 선생님들이 현장에서 MR(반주 음악) 소리 다루는 법부터 하나하나 알려 주셨지요. 녹음하면서도 계속 연습하고, 선생님이 피아노를 치면서 음정을 맞춰 주시기도 해서 겨우 녹음을 끝냈던 것 같아요. 그나마 제목 그대로 '해피'한 분위기의 곡이라서 다행이었달까요? 밝고 활기찬 분위기를 내는 건 그래도 자신 있는 편이거든요.

이제는 앨범도 여러 장 내고 촬영이나 공연 경험도 쌓이면서 그때보다는 조금 실력도 늘고 익숙해진 듯해요. 매일 연습하고 다음 신곡을 준비하는 과정 자체가 즐겁기도 하고요. 부모님 앞에서 춤을 보여 드리는 게 마냥 즐거웠던 어린 시절 이후로 쭉 이 일에 몰두해 온 셈인데도, 여전히 이것보다 재미있는 일은 찾지 못했어요. 아직도 매일 아이돌 가수가 춤추고 노래하는 영상을 찾아보기도 하고, 최소한 하루에 절반 정도는 항상 비타민에 대해서 생각하고 있거든요. 아직도 무대에 서기 전에는 긴장이 되고 실력도 더 많이 쌓아야 하지만, 적어도 제가 이 모든 걸 참 좋아한다는 것만큼은 점점 분명하게 알게 되는 것 같아요.

'좋아하는' 마음만으로도 매 순간 즐겁게 달려올 수 있었다는 건 정말 감사하고 신기한 일이라고 생각해요. 그리고 한편으로는 지금까지 주로 키즈 아이돌로서 밝은 에너지를 뿜어내는 모습을 많이 보여 드렸다면, 요즘에는 좋아하는 아이돌분들을 보면서 좀 더 프로답고 전문적으로 멋있게 일하고 싶다는 생각도 많이 들어요. 아이돌분들은 콘서트에서 여러 곡을 라이브로 완벽하게 소화하는데, 무대에서 그렇게 에너지를 쏟아붓고 나면 무대 아래에서 산소 호흡기를 끼고 호흡할 때도 있다는 얘기를 들었어요. 그 정도로 열정을 다한다는 것도, 또 무대에서는 힘든 티를 내지 않고 완벽한 모습을 보여 준다는 것도 너무 대단한 것 같아요. 저도 열심히 하다 보면 언젠가는 제가 이렇게 동경하고 좋아하는 아이돌분들과 한 무대에 설 수 있는 날도 오지 않을까요? 그런 생각을 하면서 잠이 들면 꿈속에서 제 바람이 이뤄지기도 해요.

이런 상상을 하다 보면 저의 꿈이 더욱 생생하게 부풀어 오르는 게 느껴져요. 물론 잠에서 깨면 사라지는 꿈에 불과

할지도 몰라요. 하지만 앞으로 어떤 일이 벌어질지 예측할 수 없다는 건 더 많은 가능성이 있다는 의미라고 생각해요. 예를 들면, 레고 블록을 조립할 때는 완성됐을 때의 모양을 어느 정도 머릿속에 그려 놓고 시작하지만, 강아지처럼 한 생명을 키우는 일은 주인이 어떻게 훈련하고 사랑하느냐에 따라 1년 뒤 강아지의 성격이 천차만별로 달라질 수 있는 거잖아요. 저 자신의 꿈을 키우는 일도 그 끝이 정해져 있지 않은 살아 있는 생명체를 키우는 것과 비슷한 것 같아요. 어떤 일은 결과를 모르는 채로 그저 지금 이 순간에 최선을 다하는 수밖에 없어요. 그리고 저는 미래의 제가 어떤 사람이 되어 있을지 알 수 없지만, 제가 꿈꾸는 나예가 되어 있기를 바라면서 오늘도 연습을 시작한답니다.

" 저 자신의 꿈을 키우는 일도 그 끝이
정해져 있지 않은 살아 있는 생명체를
키우는 것과 비슷한 것 같아요.
어떤 일은 결과를 모르는 채로 그저 지금
이 순간에 최선을 다하는 수밖에 없어요.
그리고 저는 미래의 제가 어떤 사람이
되어 있을지 알 수 없지만, 제가 꿈꾸는
나예가 되어 있기를 바라면서 오늘도
연습을 시작한답니다. **"**

내일은 오늘보다 더 잘할 수 있어

많은 분들이 비타민의 나예는 항상 뭐든지 열심히 하는 좋은 이미지로 생각해 주시지만, 사실 저도 게으름 피우는 건 다른 친구들이랑 똑같아요. 방학 첫날에는 항상 계획표를 열심히 짜지만, 계획을 지키기는 너무 어렵잖아요. 첫날에는 의욕이 불타올라서 열심히 하는데, 다음날엔 어느새 계획표가 책상 구석에 처박혀 있곤 해요. 그러다 보면 결국 방학숙제도 벼락치기로 하게 되고요. 지금 당장은 아무것도 안 하고 노는 게 행복하지만 나중에 몰아서 하려면 결국 더 힘들어진다는 걸 머리로는 아는데, 몸으로는 잘 안 돼요. 그래서 연습할 때는 일부러 저 스스로 규칙을 만들어서라도 지키려고 해요. '10분만 쉬어야지'라고 생각해도 조금 뒹굴뒹굴하다 보면 금방 30분이 지나가 있거든요. 그럴까 봐 이제는 아예 휴대폰을 다른 방에 갖다 놓고 오늘 할 연습이 끝날 때까지 절대 보지 않아요. 빈둥거리고 싶을 때도 있지만 그러다 보면 끝이 없다는 걸 알거든요. 연습은 무조건 많이 할수록 좋으니까 되도록 순간순간 마음을 다잡는 게 중요하더라고요. 시작하는 게 어렵지, 막상 시작하면 연습에 몰두해서 시간이 금방 지나가요.

신곡 준비 기간이 아니더라도 하루 3시간 정도는 꾸준히 연습하고 있어요. 학교에 다니느라 시간이 많지 않지만, 하루에 최소한 2시간 이상은 연습하려고 하는 편이에요. 노래는 녹음해서 발음을 확인해 보고, 소리 내기 어려운 음이 있으면 발음하기 편한 글자로 바꾼 다음에 낮은 음부터 시작해서 점차 높은 음으로 올리는 연습을 해요. 춤 연습을 할 때는 몸을 많이 움직이다 보니까 어느 정도 시간이 지나면 많이 지치는데, 밥 먹고 잠깐 쉬고 나면 또 힘이 나서 열심히 하게 돼요. 저녁 시간이 지나면 큰 소리를 내면 안 되니까 그땐 연기 연습을 주로 하고요. 그러다 보면 하루가 금방 지나가요.

사실 초반의 비타민 영상을 보면 제가 봐도 어설픈 게 많아서 좀 부끄럽기도 해요. 춤 동작을 깔끔하고 정확하게 마무리 짓지 않기도 하고, 머리카락에만 온통 신경이 쓰이기도 하고 그랬거든요. 그리고 예전에는 비타민 멤버들도 다 어려서 치어리더처럼 크고 또렷한 동작 위주로 연습했는데, 이제 기본기 연습을 따로 하다 보니까 그나마 처음보다는 실력이 좀 늘었다는 걸 느껴요. 어렸을 때는 춤을 제 마음대로 막 췄었는데, 모든 춤은 기본기가 흐트러짐

없이 탄탄해야 완성이 된다는 것도 알게 되었어요.

당연한 얘기지만 실력이 늘기 위해선 많이 듣고, 보고, 연습하는 수밖에 없더라고요. 생각해 보면 시험 기간에도 '아, 공부해야 하는데…' 하면서 아무것도 하지는 않고 뒹굴뒹굴할 때가 제일 불안하잖아요. 막상 책상에 앉아서 교과서 한 줄이라도 읽기 시작하면 뭐라도 하고 있다는 생각에 덜 불안한데 말이에요. 연습도 비슷한 것 같아요. 연습이 부족하면 실제로 촬영할 때나 공연을 할 때 절대 연습한 것 이상으로 잘할 수가 없거든요. 연습을 100% 해도 실제로 무대에 올라가면 80% 정도밖에 발휘하지 못했다고 느껴질 때가 많기 때문에, 머리가 기억하지 못해도 몸이 외울 수 있을 만큼 최대한 연습해 두려고 노력해요.

새로 배운 게 바로바로 이해가 돼서 금방 익힐 수 있을 때는 너무 재밌는데, 머리로는 알겠는데 몸이 따라 주지 않을 때가 가장 힘들어요. 도대체 왜 몸이 생각대로 안 움직이는 건지 답답하기도 하고요. 그럴 땐 잠깐 쉬면서 어떻게 하면 좋을지 머릿속으로 다시 여러 번 그려 보고, 마음이 좀 안정되면 다시 시작해요. 그리고 오늘은 아니더라도 내일은 꼭 잘 될 거라고 믿는 마음으로 연습을 계속하는 거죠. 좋아하는 일이니까 쉽게 지치지 않고 계속 힘을 낼 수 있는 것 같아요.

저는 힘들어도 이겨 내고 연습을 꾸준히 하기 위해서 가장 필요한 건 '재미'라고 생각해요. 정말 열심히 하는데도 뜻대로 잘 안 되면 성취감도 못 느끼고 재미도 없잖아요. 반대로 재미가 있으면 힘들어도 힘들다는 생각이 잘 안 들고요. 그래서 언젠가는 내가 원하는 대로 꼭 될 거라고 믿으면서 최대한 편안한 마음으로 연습하려고 해요. 안무 동작 같은 것도 그 순간에는 도저히 외워지지 않을 때가 있는데, 신기하게도 하룻밤 자고 일어나면 다 생각이 나더라고요. 그래서 아직 무대에 올라가기까지 시간이 남아 있으면, 잘 안 되는 동작이 있더라도 크게 걱정하지 않고 그냥 묵묵히 연습을 계속해요. 지금 해둔 연습의 결과가 시간이 좀 지나면 꼭 나타날 거라고 믿는 거죠. 평소에 걱정을 많이 하는 편이긴 하지만 무대에 대한 걱정은 연습으로 극복할 수밖에 없는 것 같아요. 포기하지만 않는다면 내일의 나예가 오늘보다 잘 해내리라 믿어요!

작은 목표가 쌓여서 무대가 완성돼요

'흠… 우유, 달걀, 생크림, 슈가파우더…. 좋았어. 마카롱 만드는 법 간단할 것 같은데?'

저는 요즘 요리에 푹 빠져 있어요. 요리를 좋아하긴 하는데 아직 잘하지는 못하는 요린이랍니다. 특히 베이킹에 관심이 많은데, 여러 레시피를 유심히 살펴보다가 제가 처음 도전한 건 바로 마카롱 만들기였어요. 레시피에 머랭을 치고 가루를 섞어서 짤주머니에 넣어 짜면 된다고 적혀 있어서 간단해 보이더라고요. 그래서 무작정 도전해 봤는데 결과는 어땠을까요? 당연히 꽝이었죠. 사실 마카롱 만드는 건 꽤 고급 기술이거든요. 베이킹을 잘하는 분들도 맛있는 마카롱을 만드는 게 쉽지 않대요. 그걸 저같이 기초도 없는 요린이가 자신만만하게 도전했으니 이제 막 걷기 시작한 아이가 100m 달리기를 하려는 거나 마찬가지였달까요?

그래서 제일 실패할 가능성이 적고 만들기 쉬운 쿠키부터 시작해서, 이제 한 단계씩 수준을 높여 가며 도전하고 있어요. 최근에는 크루아상을 만들었는데 엄마, 아빠가 정말 맛있다고 칭찬해 주셔서 꽤 자신감이 붙었어요. 아직은 레시피대로 해도 실패할 때가 많지만, 생각 외로 너무 맛있게 만들어져서 가족들이 또 먹고 싶다고 말해 줄 때면 기분이 정말 좋답니다!

뭐든 차근차근 단계를 밟아 가는 게 중요하다는 걸 요리를 통해서 다시 한번 배우고 있어요. 어른들이 목표는 크게 세울수록 좋다고 하시잖아요. 그런데 저는 거창한 최종 목표 하나를 정해 놓는 것보다 작은 목표를 여러 개 정해 놓고 하나씩 달성해 나가는 걸 더 좋아해요. 목표가 너무 크면 그 목표를 이루기까지 오랜 시간이 걸릴 수밖에 없잖아요. 그런데 그 목표에 도달하는 과정에 작고 사소한 여러 개의 목표를 만들어 놓으면 하나씩 이뤄 낼 때마다 성취감도 느낄 수 있고 행복해지거든요. 그 하나하나가 목표 달성을 위한 원동력이 되어 결과적으로 더 열심히 할 수 있게 되는 것 같아요.

그래서 저는 플래너에 체크리스트 작성하는 것도 좋아해요. 전에 엄마가 생일 선물로 주신 플래너가 있는데요,

거기에 그날 공부할 과목과 분량에 대한 리스트를 꼼꼼히 적어 놓아요. 웬만하면 리스트대로 하려고 하지만 사실 매일 빠뜨리지 않고 지키기는 어려워요. 그래도 조금씩이라도 계획대로 하면서 리스트에 적힌 것을 맨 위에서부터 하나하나 지워 나가면 내가 얼마나 공부했는지 눈으로 확인할 수 있으니까 더 보람 있게 느껴지더라고요. 춤이나 노래 연습을 할 때도 체크리스트 형태로 작은 목표를 많이 세워 두는 편인데, 그걸 하나하나 달성하는 게 재미있어요.

오늘의 연습
- 수정된 안무 외우기
- 랩 파트 안무 연습하기
- 후렴에서 호흡하는 부분 익히기

점검해야 할 것
- 선생님이 피드백해 주신 단체 팔 각도 맞추기

단체 연습이 끝나고 추가로 개인 연습을 할 때도 이렇게 점검한 걸 보면서 하면 그날 내가 뭘 중점적으로 해야 하는지, 얼마나 연습했는지 알 수 있어서 좋더라고요. 물론 그날 해내지 못해 다음날로 밀릴 때도 있어요! 그런데 그날 못하면 다음날, 다다음날이라도 하면 되니까 괜찮아요. 사실 연습의 효과가 바로 나타나지는 않아요. 한 번에 확 실력이 느는 게 아니기도 하고, 저는 제 노래와 춤을 매일 듣고 보니까 좋아진 건지 아닌 건지 아리송해요. 하지만 예전 영상과 비교했을 때 더 만족스럽거나, 오랜만에 뵙는 보컬 선생님이 실력이 늘었다고 칭찬해 주시면 정말 기분이 좋아요. 어쨌든 예전보다는 조금씩 늘고 있다는 거잖아요. 매일 조금씩이라도 연습이 쌓이면 제 실력이 그만큼 다듬어지고, 더 나은 제 모습으로 완성된다는 걸 믿어요!

이렇게 한 단계씩 연습하면 결국 무대에서 멋진 모습을 선보일 수 있게 되고, 그런 성취 경험들이 저를 더욱 열심히 달릴 수 있도록 만들어 줘요. 지금 당장은 잘 안 돼도, 혹은 도저히 안 될 것 같아 보였던 일도 결국은 해낼 수 있다는 걸 경험을 통해 실제로 알게 되었으니까요. 아주 작은 일이라도 못할 것 같았던 걸 할 수 있게 되면, '하면 된다'고 머릿속으로만 생각하는 것과는 차원이 다른 확신이 생기더라고요.

키즈 아이돌인 비타민은 연습생 기간을 거쳐 완벽하게 준비된 상태로 공개되는 완성형 아이돌은 아니에요. 그래서 좀 어설프거나 부족해 보이고, 실수할 때도 많지요. 하지만 조금씩 실력이 늘고 나날이 성장하는 모습을 보여 드리면서 발전하는 과정까지 함께할 수 있는 그룹이라고 생각해요. 아직 어른이 아니니까 서툴기도 하고, 가끔 넘어지기도 해요. 그래도 비슷한 또래들과 공감하면서 같이 다시 일어나고, 서로 의지하며 응원할 수 있는 관계인 게 너무 좋아요. 팬분들이 저희를 응원해 주시는 것처럼 저희 역시 저희를 사랑해 주시는 또래 친구들이나 동생들을 응원하고 있답니다! 크게 한 걸음을 내디뎌 단번에 홀쩍 목표 지점에 도달하지는 못할 거예요. 아직 어리고 키 작은 우리는 오늘 한 걸음, 내일 한 걸음, 이렇게 조금씩 나아가다 보면 분명히 각자가 원하는 곳에 도착할 수 있을 거예요.

때로는 밝게, 때로는 파워풀하게

비타민은 꿈꾸는 어린이 그룹답게 밝고 희망찬 느낌의 노래가 많아요. 저는 예전부터 비타민 활동을 해와서 이런 콘셉트에 익숙하고, 밝은 분위기의 노래를 하거나 춤을 출 때 비교적 편안함을 느껴요. 행복하고 기분 좋은 느낌은 오래 고민하지 않아도 제 안에서 금방 발견할 수 있거든요. 그걸 밖으로 꺼내 보일 때에도 밝은 에너지가 무지개처럼 다채롭게 쭉 뻗어 나가는 느낌이에요.

그리고 저는 클레버의 또 다른 키즈 아이돌인 '피어스' 활동도 함께 하고 있어요. 비타민은 톡톡 튀고 발랄한 콘셉트라면 피어스는 걸크러시한 느낌의 그룹이에요. 좀 더 파워풀하고 강렬한 이미지를 보여 드리려고 하지요. 사실 정반대 콘셉트인 두 그룹에 속해 있다 보니, 무대에 맞춰 분위기를 전환하는 게 중요해요. 무대에 따라서 그때마다 어울리는 표정과 분위기를 갖추어야 하나의 무대가 온전히 완성되는 거니까요.

피어스에서 걸그룹 있지(ITZY) 언니들의 〈워너비〉를 커버한 적이 있는데, 다 같이 딱딱 맞춰야 하는 칼군무 동작도 어렵지만 무엇보다 강렬한 느낌을 내는 게 중요했거든요. 그런데 다른 멤버들은 그런 느낌을 잘 살리는데, 저는 워낙 비타민에 익숙하다 보니 카리스마 있는 파워풀한 분위기를 내기가 어려워서 '나는 왜 안 되지?' 하고 고민을 많이 했어요. 비타민에서 밝게 웃으면서 노래하고 춤추는 건 편한데, 피어스는 자주 해보지 않은 콘셉트여서 처음에는 표정도 막 어정쩡해지는 거예요.

그래서 비타민과 피어스 활동을 동시에 하게 되면서부터는 춤 연습은 물론이고 표정 연습도 많이 했어요. 걸크러시한 느낌의 뮤직비디오를 찾아보기도 하고, 네이버에 '모델 포즈'라고 입력하면 다양한 포즈랑 표정의 사진들이 많이 나오는데, 제가 원하는 느낌의 사진을 화면에 띄워 놓고 거울을 보면서 따라 해보기도 해요. 신기한 건 표정도 자주 연습할수록 익숙해지고 다양해진다는 거예요. 웃는 얼굴이라도 다 똑같은 게 아니라 눈 모양, 입꼬리 모양, 각도 등에 따라서 분위기가 또 달라지더라고요. 표정도 결국 일종의 연기니까 연습이 필요한가 봐요. 그리고 멤버들한테 물어보면서 서로 잘 안 되는 표정에 관해서 얘기하기도 해요. 서로 잘하는 부분은 가르쳐 주고 부족한 부분은 배우면서 연습하다 보면 방향을 좀 찾을 수 있게 돼요.

두 그룹에 소속되어 다양한 콘셉트를 시도하다 보니 양쪽에서 각각 새로운 춤을 배울 때는 헷갈리기도 하지만, 오히려 춤을 배우는 것 자체는 그렇게 힘들지 않아요. 아무래도 체력적으로 부담이 될 수 있으니 걱정해 주시는 분들도 있는데, 저는 두 콘셉트의 그룹 활동 모두 재미있어요. 비타민에서만 보여 줄 수 있는 색깔이 있고, 또 피어스의 칼군무나 파워풀한 안무를 소화하는 것도 새로운 재미가 있거든요. 두 그룹 활동을 같이 하다 보면 실력도 더 늘지 않을까 하는 생각에 저 스스로 하고 싶어 했던 것도 있고요.

다만 확실히 각 콘셉트에 맞는 감성에 대한 고민을 더 많이 하게 돼요. 특히 요즘은 기술적인 부분 외에도 감정 표현에 신경을 많이 쓰려고 해요. 영화를 볼 때도 대사 말고 표정이나 호흡을 집중적으로 관찰하고, 재미 삼아 따라 해보기도 해요. 제가 한 장면에 몰입해서 다음 대사는 어떤 느낌으로 할 것 같다고 생각했는데, 실제로 다음 대사에서 배우가 제 생각대로 느낌을 표현하면 영화를 보는 것이 더 재밌어요.

노래든 연기든 제가 연습할 때 항상 기본적으로 하는 첫 번째 단계가 '따라 하기'예요. 처음에는 실제 가수나 배우를 그대로 따라 해보고, 그러고 난 뒤 저에게 어울리는

느낌으로 조금씩 변형해 봐요. 그러다 보면 제가 표현할 수 있는 느낌의 범위가 조금씩 늘어나는 것 같은 기분이 들거든요. 그래서 제 롤모델인 아이유 언니나 악동뮤지션 분들 영상도 많이 찾아보는 편이에요. 그 가수가 노래를 부를 때의 느낌이나 창법을 따라 해보는 거죠. 예를 들어 아이유 언니의 〈마음을 드려요〉 같은 노래를 부를 땐 아이유 언니 특유의 느낌을 내는 데에 더 비중을 두고 연습하는 편이에요.

아이유 언니는 노래가 정말 많잖아요, 슬픈 노래도 있고 행복한 노래도 있고요. 그런데 아이유 언니를 보면 곡의 콘셉트에 따라 아예 목소리나 호흡부터 달라지더라고요. 어떻게 그렇게 자유자재로 바꿀 수 있는 걸까요? 정말 대단해 보여요. 저도 다양한 콘셉트의 노래를 소화하고 싶은 마음이 커서, 어떻게 하면 노래의 분위기나 느낌을 잘 살릴까에 대해서 고민을 많이 해요. 좋은 노래를 들으면 그냥 '와, 노래 잘한다'라고 감탄하고 마는 게 아니라 그 노래가 전해 주는 어떤 감성에 푹 젖어 들게 되잖아요.

단순히 주어진 연습을 하고, 미션을 소화해 내는 것뿐

아니라 저 자신도 만족할 수 있을 만큼 멋진 결과물을 만들어 내고 싶다는 욕심이 있어요. 그래서인지 배우고 싶은 것도 아직 너무 많답니다. 피아노를 치면서 노래하면 실력이 더 잘 늘 것 같아서 피아노도 다시 시작하고 싶어요. 어릴 때 피아노 학원에 다닐 때는 꽤 잘 칠 수 있었는데, 몇 년 동안 쉬었더니 '내가 그때 어떻게 했지?' 싶을 만큼 실력이 확 떨어졌더라고요.

그리고 멜로디나 리듬으로 음악의 느낌을 전달할 때도 더 섬세하게 표현할 수 있었으면 좋겠어요. 건반을 '땅-' 누르면 바로 어떤 음인지 맞히는 '절대음감'도 길러서 음악과 훨씬 친해지고 싶다는 생각도 들고요. 요즘에는 스마트폰 어플로 쉽게 작곡을 해볼 수도 있잖아요. 저도 조금씩 혼자 도전해 보다가 나중에는 직접 노래를 만들어 불러 보고 싶은 바람도 있어요. 다양한 분야의 실력을 키워서 아이유 언니처럼 감성을 담아 노래하고, 또 가수 헨리 님처럼 다재다능한 악기를 다룰 수 있는 사람이 되는 게 지금의 또 다른 꿈이랍니다.

" 노래든 연기든 제가 연습할 때 항상
기본적으로 하는 첫 번째 단계가
'따라 하기'예요. 처음에는 실제 가수나
배우를 그대로 따라 해보고, 그러고 난 뒤
저에게 어울리는 느낌으로 조금씩 변형해
봐요. 그러다 보면 제가 표현할 수 있는
느낌의 범위가 조금씩 늘어나는 것 같은
기분이 들거든요. 그래서 제 롤모델인
아이유 언니나 악동뮤지션분들 영상도
많이 찾아보는 편이에요. "

누룽지의 위로

뮤직비디오 촬영 전날도 항상 두근두근 설레고 떨리지만, 공연 때의 긴장감은 그것에 비할 수 없이 더 커요. 큰 무대일수록 더 긴장되고, 공연 날짜 한참 전부터 너무 떨려요. 비타민을 비롯해 피어스, 커버 댄스팀까지 다 나와서 공연도 하고 상도 받는 '클레버 어워즈'도 마찬가지고요. 어떨 땐 준비된 좌석뿐만 아니라 이동 계단이나 바닥에까지 관객분들이 빼곡하게 앉아 무대를 지켜보실 때도 있는데요, 알아봐 주시는 분들이 많을수록 감사하고 힘이 나지만 그만큼 긴장되기도 해요. 저뿐만 아니라 멤버들 모두 긴장하고 있으니까 그럴 땐 리더인 저라도 태연한 척하려고 애써요.

긴장하면 꼭 예상치 못한 순간에 실수를 하는 것 같아요. 예전에 한번은 무대에서 신발 끈이 풀리는 바람에, 옆으로 이동해야 하는 순간에 슬라이딩을 한 적이 있어요. 몸이 쭉 미끄러져서 깜짝 놀랐지만 다시 중심을 잡고 아무 일도 없었던 것처럼 동작을 이어 갔죠. 그래도 아마 보고 계신 분들은 다 아셨을 거예요. 그리고 1년 전쯤 어떤 공연에서 MC를 맡게 됐는데, 대본대로 진행하면서 재미있게 멘트를 덧붙이거나 해야 하잖아요. "여러분, 너무 행복하시죠?"라고 물어본 뒤 관객분들이 "네!" 하고 대답해 주신 다음에 멘트를 이어 가야 했었어요. 그런데 제가 너무 긴장한 나머지 대답을 듣지도 않고 "아, 행복하시구나~" 하고 바로 멘트를 해버린 거예요. 그래서 분위기가 묘해지고 혼자서 막 민망했던 기억이 나요.

비타민에서 제가 제일 무대 경험이 많은 멤버에 속하는데도 오디션이나 중요한 무대를 앞두고 있을 때마다 엄청 긴장하게 되는 건 어쩔 수 없는 것 같아요. 더욱이 저는 1년 뒤에 어떤 테스트가 있다고 치면 1년 내내 그 테스트 걱정을 하는 성격이거든요. 특히 떨리고 긴장하면 평소에 잘하던 것도 제대로 못 할 수 있으니까, 그게 제일 불안해요. '괜찮아, 잘할 수 있을 거야'라고 자신을 토닥이다가도 뭘 어찌해야 할지 모르겠는 기분이 들기도 해요.

생각해 보면 오히려 비타민을 처음 시작할 때는 무섭거나 두려운 것이 별로 없었어요. 물론 녹음실이나 연습실이 낯설기는 했지만 마냥 신기하고 재밌고 마음은 더 편했던 것 같아요. 아는 게 많아지고 신경 쓰는 게 많아질수록 그만큼 걱정스러운 것도 많아지나 봐요. 그런데 활동하면서 점점 알게 된 건, 막상 해보고 나면 또 별거 아니라는 거예요. 걱정했던 거에 비하면 정말 쉽게 잘 해낼 수 있을 때가 많거든요. 그러니까 '다음에는 걱정하지 말아야지' 하면서도 막상 그때가 되면 또 심장이 두근두근해요.

보통 신곡이 나오고 뮤직비디오 공개 일정이 잡히면 한 달 정도 꼬박 연습해요. 그런데, 잘해야겠다는 생각에 제 몸에 잔뜩 힘이 들어가 있으니까, 보컬 수업을 받을 때도 선생님께서 꼭 잘해야 한다는 생각을 버리고 배운 것을 생각하면서 편하게 불러 보라고 하실 때가 많아요. 그래도 불안한 마음이 완전히 사라지지는 않다 보니까 신곡을 처음 들을 때는 일단 음이 높은지 안 높은지 먼저 확인해요. 고음을 낼 때 배에 힘이 들어가야 하는데 제가 자꾸 목에만 힘을 줘서 목이 금방 상하거든요. 그래서 음이 너무 높다 싶으면 걱정부터 되는 거예요.

특히 신곡이 처음 나왔을 때는 아직 파트 분배를 하기 전이기 때문에 혼자서 한 곡을 완전히 불러 봐야 하거든요. 파트가 나뉘면 그나마 쉬는 구간이 있는데, 처음에는 혼자서 처음부터 끝까지 다 불러야 하니까 목에 너무 힘이 들어가서 노래를 제대로 못 부를 때가 많아요. 특히 집에서는 잘했었는데 수업 시간에 선생님 앞에서 노래를 부르면 음정이 삐끗하기도 해서, 그럴 땐 어쩔 수 없이 속상한 마음이 들죠. 그런 날은 연습하다가 방에서 혼자 울기도 하고, 그냥 뒹굴뒹굴 침대 위에서 뭉그적거리면서 멍하게 쉬기도 해요. 연습을 중단하고 잠시 쉬었다가 다시 한번 불러 보고, 그래도 잘 안 되면 아예 다음 날 연습하는 게 나을 때도 있더라고요.

스트레스가 너무 쌓일 때는 아무 생각도 하지 않고 쉬는 게 제가 찾은 나름대로의 해소 방법이에요. 일단 맛있는 걸 먹으면서 좋아하는 영상을 보면 한참 동안은 아무 생각도 없이 편해지고, 그러다 보면 스트레스가 좀 풀리는 것 같아요. 그리고 힘들 때마다 항상 커다란 힐링이자 위로가 되어 주는 건 저희 집 반려견 누룽지예요! 가끔 말썽을 부리기도 하지만, 예뻐해 달라고 옆에 와서 꼬리를 살랑살랑 흔들면 답답하거나 힘들었던 마음이 사르르 녹으면서 행복해지곤 해요. 언제든 위로받을 수 있는 존재가 곁에 있다는 것도 정말 고마운 일인 것 같아요. 연습이 생각대로 잘 안 돼서 제가 세상에서 제일 초라한 존재가 된 것 같다가도 누룽지의 위로를 받으면 내가 얼마나 사랑받는 존재인지 새삼 다시 알게 돼요.

항상 행복하기만 바랄 수는 없잖아요. 그래도 힘든 순간이 지나가면 또 행복한 순간들이 찾아온다는 걸 알아요. 내가 얼마나 힘들게 연습했는지 아니까 무대 위에서 더 행복할 수 있는 것 같기도 하고요. 아무리 어려운 일이 있더라도 그냥 포기해 버릴 수는 없어요. 그런다고 제 마음이 가벼워지지는 않거든요. 그래서 힘든 날에는 누룽지를 끌어안은 채 푹 자요. 그러다 아침이 오면 또 괜찮아져요. 새로운 날은 또 오늘의 새로운 가능성을 만날 수 있는 날이니까요. 실수는 어제의 일로 남겨 두고, 어제보다 눈곱만큼이라도 발전한 내가 되어서 다시 걸어 나가려고 해요.

얘들아, 뛰지 말고 여기로 모여!

저는 오빠가 둘 있는 막내인데, 비타민에서는 맏언니이자 리더예요. 집에서는 공부하다가 모르는 게 있으면 오빠들한테 물어보면서 귀찮게 하는데, 입장이 바뀌니 다른 멤버들을 잘 챙겨 줘야 한다는 사명감이 부쩍 생기더라고요!

그런데 어떤 리더가 되어야 하는 건지 잘 모르겠어서, 그 룹에서 리더가 어떤 역할을 하고 멤버들을 어떻게 이끌어야 하는지 배우려고 이런저런 아이돌 영상을 막 찾아보기도 했어요. 예전에 악동뮤지션분들이 공연을 하는데 수현 언니의 마이크가 안 나와서 찬혁 오빠가 수현 언니에게 자기 마이크를 대주면서 무사히 노래를 불렀던 영상이 있거든요? 물론 두 사람은 남매이기도 하지만 그렇게 당황스러운 상황에 잘 대처해서 공연을 이어 나가는 모습이 멋지더라고요. 저런 게 리더다운 행동이 아닐까 싶어서 배워야겠다는 생각이 들었어요.

비타민에서는 평소에 멤버들이 흩어지지 않도록 잘 불러 모으는 게 리더의 주된 역할 중 하나라고 할 수 있을 것 같아요. 촬영하러 외부에 나갈 때 다 같이 잘 뭉쳐 다녀야 하는데, 편의점에 잠깐 가더라도 다들 뿔뿔이 흩어져서 뛰어다닐 때가 많거든요. 혹시 차가 갑자기 튀어나올 수도 있고 위험하니까, 다들 제 뒤로 따라오게 하는 식으로 제가 나름대로 정신을 바짝 차리려고 노력하는 편이에요.

그리고 저희끼리 나름대로 회의를 통해 정한 생활 규칙

같은 것들이 있어요. 예를 들면 저희는 항상 연습실을 사용하잖아요. 저희만 쓰는 게 아니라 커버 댄스팀들도 쓰고 여러 팀이 번갈아 가면서 사용하니까 쓰고 나서 잘 정리하는 것도 중요하거든요. 그래서 저희끼리 요일마다 이렇게 청소 당번을 정했어요.

화요일 - 나예, 채민 / 수요일 - 시윤, 사랑 / 목요일 - 나예 / 금요일 - 사랑, 채민

지금은 비타민 네 명이서 보통 화·수·목·금요일에 연습실을 이용해요. 이런 식으로 정하면 다른 멤버들은 일주일에 두 번씩 청소 당번이 되는데 시윤이는 한 번이니까, 대신 다른 멤버들이 밥을 먹거나 의상 피팅을 하고 있을 때 틈틈이 도와주는 걸로 추가 규칙을 정했어요.

다 같이 뭔가를 정할 때는 한 명씩 의견을 말한 다음에 어떤 게 제일 나은지 주로 투표를 통해서 결정해요. 그러다 보니 좋은 의견을 냈는데도 채택되지 못해 서운해하는 멤버가 생길 수밖에 없더라고요. 그래서 모두의 의견이 한 번씩 다 채택될 수 있도록 돌아가면서 결정할 때도 많아요.

제가 제일 언니이자 리더이긴 하지만 비타민 멤버들끼리는 나이와 상관없이 서로 챙겨 주고 도움을 받는 일이 많아요. 서로의 꿈도 비슷하고 좋아하는 게 많이 겹치다 보니까 서로 도움이 될 만한 노래나 영상 같은 걸 추천해 주기도 해요. 기본기 연습을 할 때는 리듬이나 박자가 잘 들려야 맞춰서 춤추기 쉬우니까 서로 그런 노래나 영상을 공유해요. 아무래도 서로 비슷한 걸 배우고 비슷한 생활을 하기 때문에 설명하지 않아도 바로 공감할 수 있다는 게 가장 좋아요. 물론 놀 때는 저희도 천방지축이에요! 지나가다가 방방장이 보이면 다 같이 들어가서 뛰어놀고, 춤추고 노래를 듣다 가도 우당탕 부딪치면서 놀기도 하고 그래요.

비타민은 개인 사정이나 학업으로 인해 졸업한 멤버들도 많아서 지금까지 계속 멤버가 바뀌어 왔어요. 다들 함께하는 동안 열심히 노력해 주고 리더인 저를 믿고 따라줘서 모든 멤버에게 고마운 마음이 커요. 집에서 오빠들이 막내인 저를 챙겨 주는 것처럼 저도 비타민에서만큼은 든든한 멤버이자 친구, 또 자매 같기도 한 언니가 되었으면 좋겠어요. 앞으로도 소중한 친구들과 오랫동안 꿈을 향해 함께 나아가고 싶어요.

66 항상 행복하기만 바랄 수는 없잖아요.
그래도 힘든 순간이 지나가면 또 행복한
순간들이 찾아온다는 걸 알아요.
내가 얼마나 힘들게 연습했는지 아니까
무대 위에서 더 행복할 수 있는 것 같기도
하고요. 아무리 어려운 일이 있더라도
그냥 포기해 버릴 수는 없어요. 그런다고
제 마음이 가벼워지지는 않거든요. 99

행복을 전하며 행복해지고 싶어요

예전에 비타민이 가장 아끼는 물건 두 가지씩을 가지고 와서 실험 카메라 영상을 찍은 적이 있어요. 저는 팬에게 제일 처음으로 선물 받은 인형이랑, 3년 동안 열심히 모은 저금통이 제일 소중한 물건이라서 들고 갔거든요. 그런데 각자 물건에 대한 소개를 하고 나니까, 갑자기 그걸 시청자분들께 선물로 드리기로 했다는 거예요!

"팬분들을 위해 아주 특별한 선물을 준비했죠?"
"선물이요?"
"여러분이 가장 아끼는 물건을 선물하기로 했잖아요. 그럼 마지막으로 아끼는 물건에게 작별 인사를 하세요."

갑자기 내 소중한 물건과 작별해야 하다니⋯. 아직 마음의 준비도 안 됐는데 말이에요! 전혀 몰랐던 얘기라서 저와 나머지 비타민 멤버들 모두 깜짝 놀라서 당황했어요. 소중한 물건을 떠나보내야 하는 게 너무 갑작스럽고 서운했지만, 사실 팬분들한테는 받은 게 훨씬 많거든요. 사랑과 응원, 그리고 선물도 많이 받았어요. 그래서 그런 약속을 했다는 것을 몰랐더라도 약속은 약속이니까 지켜야겠다고 생각했어요. 그래도 처음으로 팬분에게 선물 받은 인형을 내놓을 수는 없어서, 3년간 모은 저금통을 슬쩍 내밀었지요. 다른 멤버들도 가장 소중한 물건을 하나씩 선물로 내놓았어요. 아끼는 인형도 있었고, 게임기도 있었어요. 결론적으로는 저희의 반응을 보려고 속인 실험 카메라였지만 말이에요!

\# 비타민 실험 카메라 영상

　팬분들에게는 항상 고마운 마음을 간직하고 있어요. 뮤직비디오나 다른 영상이 올라가면 댓글이 달리잖아요. 노래가 좋다거나 목소리가 예쁘다고 하시는 분들도 있고, 안무가 멋있다고 해주시는 분들도 계세요. 저희를 응원해주시는 분들이 많아서 고맙고 뿌듯해요. 사실 조회 수나 반응에 신경 쓰지 않으려고 해도 솔직히 그렇게 잘 안 되는 게 사람 마음인 것 같아요. 특히 열심히 찍은 영상인데 생각보다 반응이 별로 안 좋으면 아쉽기도 하고요. 하지만 좋아하는 일을 한다는 건 어찌 보면 어렵고도 신기한 일이고, 특히 비타민 같은 경우는 좋아해 주시는 분들이 있어야 지속될 수 있잖아요. 제가 하고 싶은 일을 할 수 있는 건 결국 봐주시는 분들이 있는 덕분이니까 한 분 한 분이 다 소중하고 고마워요.

사실 인터넷에는 워낙 많은 사람들이 글을 남기니까 가끔씩 악플이 달리는 경우도 있기는 해요. 그런 것에는 최대한 신경 안 쓰려고 하는데도 일단 보고 나면 자꾸 머릿속에 떠오를 때가 있어요. 선생님들이 신경 쓰지 말라고 말씀해 주시니까 곧 괜찮아지기는 해요. 좋게 봐주시는 분들이 훨씬 많기도 하고, 봐주는 분들이 계시다는 것 자체도 정말 감사한 일이라서 속상한 생각은 금방 잊어버리려고 해요.

클레버TV 채널에는 가벼운 마음으로 재미있게 촬영한 영상도 많아요. 가끔은 예능 프로그램처럼 게임을 하기도 하거든요. 한번은 거꾸로 말하는 게임을 한 적이 있었어요. 예를 들면 '안녕하세요'라는 문장을 제시하면 '요세하녕안'이라고 말해야 점수를 얻는 거예요. 그런데 제가 처음에는 계속 틀리다가 뒤로 갈수록 잘 맞혀서 결국 1등을 한 거예요! 그 영상이 정말 마음에 들어서 혼자서 20번 넘게 본 것 같아요. 재밌게 촬영해서 그런가 봐요. 그런 영상들에는 유독 애착이 많이 가요.

그리고 유형 드라마를 찍는 것도 좋아해요. '방학 보내는 유형', '숙제 미루는 유형' 식으로 같은 상황에서도 사람마다 다른 행동을 보이는 걸 유형별로 보여 주는 건데, 웃음 포인트가 많은 영상이라서 촬영할 때부터 엄청 웃기거든요. 편집된 걸 봐도 재미있고요. 저는 연기하는 것도 좋아해서 유형 드라마 촬영 일정이 잡히면 벌써 신이 나요. 춤이랑 노래도 좋지만 연기는 연기만의 매력이 있어요. 무엇보다 노래와 춤 연습은 연기에 도움이 되고, 연기 연습은 춤과 노래에 도움이 되는 식으로 두 분야가 서로 시너지를 일으킨다는 점이 흥미로워요. 무대 위에서 노래를 하고 춤을 출 때도 일종의 표정 연기가 필요하고, 연기할 때도 춤출 때 같은 에너지가 필요하거든요.

누군가 저희가 이렇게 재밌게 찍은 영상을 보면서 즐거워하면, 저는 또 그만큼 행복해져요. 비타민이 처음부터 큰 사랑을 받았던 건 아니었어요. 그런데 점점 많은 분들이 관심을 가져 주시고 저희를 보면서 좋아해 주셔서 정말 감사해요. 가수가 되는 꿈을 이루었다고 해서 그걸로 끝이 아니잖아요. 비타민으로 활동하고 있지만 제가 생생하게 빛날 수 있는 건 저를 봐주시고 응원해 주시는 분들 덕분이에요. 응원의 메시지를 보면 항상 마음이 부풀고 에너지가 더 채워지는 느낌이 들어요. 그런 행복을 다시 많은 분들에게 전하면서 보답하고 싶답니다.

꼭 어른이 되길 기다려야 할까요?

왜 어른들은 "가수가 되려면 어떻게 해야 해요?" 또는 "의사, 셰프, 크리에이터가 되려면 뭘 준비해야 하나요?"라고 물어보면 "공부를 열심히 하면 된다"라고만 하실까요? 재미있겠다는 확신이 드는 일을 찾았으니, 실제로 그 직업을 가질 수 있는 방법이 궁금해서 물어봤는데 그냥 '공부'라는 대답만 돌아오면 솔직히 좀 허탈해져요. 구체적으로 무슨 공부를 어떻게 해야 하는지도 모르겠고요. 물론 우리는 아직 어리니까 당장 할 수 있는 일이 많지는 않지만, 그래도 나중에 어떤 대학을 가야 하는지, 또 어떤 능력을 키워야 하는지, 그런 고민을 하다 보면 지금 당장 무언가를 하지는 않더라도 미래에 대한 의욕이 솟아날 것 같아요. 또 저희처럼 춤을 추거나 운동을 하는 것처럼 몸을 쓰는 일은 빨리 시작할수록 좋기도 하고요!

우리는 보통 어른이 되면 자연스럽게 직업을 갖게 된다고 생각하잖아요. 그러니까 하고 싶은 게 있어도 일단은 어른이 되기를 기다려야 한다고 결론을 내리는 경우가 많아요. 어른이 되기 전에는 혼자 못하는 것도 많고 하면 안 되는 것도 많으니까 빨리 어른이 되고 싶기도 하고요. 그런데 꼭 나중을 기약하는 게 아니라 지금 바로 도전해도 괜찮다는 걸 저는 비타민 활동을 하면서 알게 되었어요. 저는 어렸을 때부터 혼자 춤을 추면서, TV에 연예인들이 나오면 지금이라도 빨리 저렇게 무대에 서고 싶다는 꿈을 많이 꿨거든요. 어른이 될 때까지 가만히 있지 않고 지금 할 수 있는 걸 바로 찾고 싶었어요.

나이가 어려도, 그리고 지금 당장 그 일을 직업으로 가질 수 없더라도 괜찮다고 생각해요. 일단은 내가 좋아하는 게 무엇인지 생각해 보는 거죠! 꿈을 찾으려면 자기가 평소에 하는 것 중에서 가장 많이 하거나 가장 자주 생각하는 게 뭔지 찾아보고, 내가 그 일에 흥미를 가지고 있는지 따져 보아야 하는 것 같아요. 아무리 잘하는 일이라고 해도 재미가 없을 수도 있잖아요. 그러니까 흥미 있는 일을 찾았다면 일단 배우거나 시도해 보고, 그 방면으로 실력을 쌓기 위해 학원을 다니거나 영상을 찾아보는 것도 좋은 방법이라고 생각해요.

물론 중도에 포기할 수도 있고, 어쩌면 다른 일을 좋아하게 될 수도 있을 거예요. 저도 좋아하는 게 많아요. 동물도 좋아하고 요리도 좋아해요. 그중에서 아직은 춤이나 노래, 연기를 가장 좋아하는 거고요! 그걸 얼마나 지속할 수 있느냐는 자신이 얼마나 흥미를 가지고 있느냐에 따라 다르겠죠. 흥미가 있으면 지치지 않고 더 열심히 연습하게 되잖아요. 그렇게 지금부터 시작해서 열심히 계속해 나간다면 꿈에 조금씩 가까워질 거라고 믿어요. 물론 현실적으로 아직 넘을 수 없는 벽은 있겠지만, 그래도 그 벽을 넘기 위해 준비하는 과정 중에도 보람을 느낄 수 있잖아요. '어른이 되면 꼭 ○○이 되어 성공하고 말겠어!'라는 생각이 들 정도로 마음에 드는 일을 찾았다면, 아직은 서툴더라도 계속 연습하고 꾸준히 도전하면서, 가슴 한 쪽에 그 꿈을 품고서 키워 나가면 좋을 것 같아요!

꿈을 갖는다는 건 내가 앞으로 행복하게 살아갈 수 있는 나만의 길을 찾는 것이 아닐까 싶어요. 꿈이 없다고 해서 잘 살 수 없는 건 아니겠지만, 꿈이 있으면 더 행복하지 않을까요? 내가 뭘 하면서 살아야 즐거운지 아는 거니까요. 그리고 꿈은 도전하라고 있는 거잖아요! 꿈을 그냥 꿈일 뿐이라고 생각하지 말고 꼭 도전하라고 말씀드리고 싶어요! 저 역시 지금은 비타민의 멤버이지만, 나중에는 다재다능한 아이돌이 되고 싶고, 또 많은 분들에게 '국민 배우'라고 불릴 수 있는 좋은 연기자도 되고 싶어요. 꿈꾸는 미래를 위해 계속해서 행복하게 달려나가는 나예가 될 테니 앞으로도 지켜봐 주세요!

2. 조금 느려도 괜찮아요!

언제나 웃음 많은 발랄 요정 긍정 시윤

비타민과 작별 아닌 작별의 날

"시윤이는 프로젝트 멤버로서 약속한 시간이 다 되어서, 이제 비타민을 졸업하게 됐어요."

비타민 공연 때문에 설레는 마음으로 비행기를 타고 제주도까지 왔는데, 이게 무슨 청천벽력 같은 소리인가요? 심지어 공연 전날이 생일이라 방금 신나게 케이크에 꽂힌 촛불도 불었는데…. 생일 축하와 함께 아쉬운 소식을 전하게 됐다는 허쌤의 말씀에 사실은 귀를 막고 싶은 심정이었어요.

언젠가 이런 날이 올 거라는 걸 알고는 있었지만, 조금이라도 그 시간을 늦추고 싶었거든요. 결국 '약속한 시간이 끝났다'는 말을 들으니 가슴이 쿵 하고 내려앉았어요. 하지만 저는 처음부터 '레고 프렌즈' 프로젝트 멤버로 6개월 정도만 함께하기로 했기 때문에 아쉽지만 어쩔 수 없다고 생각했어요. 그렇게 생각하면서 마음을 다잡고, 이왕이면 웃는 얼굴로 떠나고 싶었는데 자꾸 눈물이 나더라고요. 제주도의 시원한 파도 소리마저 원망스럽게 느껴졌어요.

"자, 그럼 새로운 비타민의 정식 멤버, 오시윤을 소개합니다!"

한창 멤버들과 눈물로 작별 인사를 하고 있는데 이건 또 무슨 말일까요? 알고 보니 제가 프로젝트 멤버에서 정식 멤버로 합류하게 된 걸 알리는 자리였던 거예요! 이 기쁜 소식을 비타민 하차 실험 카메라로 전해 주시다니요. 하지만 그 순간 짓궂은 허쌤이 얄밉다는 생각보다는 그저 행복한 마음이 더 컸어요. 내가 정말 좋아하는 비타민을 앞으로도 계속할 수 있다니 말이에요! 해리포터처럼 행복한 기억을 뽑아내어 만드는 패트로누스 마법을 써야 한다면, 저는 아마 이날을 소중하게 떠올리게 될 것 같아요.

엄마, 아빠, 선생님! 나는 할 수 있어요
잘 해내고 싶어요 응원받고 싶어요

나를 믿어 주세요 나는 할 수 있다고

나를 안아 주세요 너는 해낼 거라고

cuz you are special

- 비타민 〈You are special〉 중에서

제가 처음 들었던 비타민의 노래는 바로 〈You are special〉이었어요. 우리는 특별하니까 분명히 잘 해낼 수 있다고 용기를 주는 응원의 가사가 담긴 곡이에요. 저는 지금도 이 노래를 좋아해요. 만약 타고난 재능이 있어야 꿈을 이룰 수 있는 거라면 아마 저는 비타민을 꿈꾸지 못했을 거예요. 사실 비타민이 되고 나서 제가 얼마나 부족한지를 더 느꼈거든요. 하지만 적어도 제가 비타민 멤버로서 활동하는 동안 가장 행복하다는 사실은 분명히 알았어요. 꿈이란 뭔가 엄청난 걸 이뤄야 하는 게 아니라 결국 내가 좋아하는 것, 내가 즐길 수 있는 것을 찾을 때 더욱 의미가 있는 것 같아요. 그리고 내가 할 수 있다는 걸 믿는 거죠!

비타민 친구들 중에서 프로젝트 멤버로서 시작했다가 정식으로 비타민 멤버가 된 사람은 저뿐이었기 때문에 제주도에서의 생일 파티가 저에겐 더욱 특별하게 기억에 남아요. 끝이 있다는 걸 알면서도 매 순간이 즐겁고 행복했는데, 앞으로도 계속할 수 있다니 얼마나 기뻤는지 몰라요. 그래서 이제 저도 어엿한 비타민의 오시윤이 되었어요!

사실 요즘엔 이름보다도 '한라봉'이라는 별명으로 더 많이 불리는 것 같긴 하지만요. 제가 아침에 일어나면 얼굴이 퉁퉁 붓는 게 한라봉 같다면서 유쌤이 놀리신 적이 있는데, 그게 어느새 제 별명이 됐거든요. 그래서 팬분들도 선물을 보내 주실 때 다른 친구들에게는 '사랑짱', '채민찡' 같은 애칭을 써서 보내 주시는데, 저는 아예 '한라봉'으로 이름을 적어 주실 때가 더 많아졌어요! 그런데 비타민 멤버가 되면서 진짜로 비타민과 어울리는 상큼한 과일 이름을 별명으로 갖게 되어서 저도 마음에 들어요. 비타민의 한라봉, 그게 비타민의 오시윤이니까요!

> 꿈이란 뭔가 엄청난 걸 이뤄야 하는 게
> 아니라 결국 내가 좋아하는 것,
> 내가 즐길 수 있는 것을 찾을 때 더욱
> 의미가 있는 것 같아요. 그리고 내가 할
> 수 있다는 걸 믿는 거죠! "

비타민 팬에서 비타민 멤버로

저는 막연하게 비타민 친구들처럼 되고 싶다는 꿈을 꿨던 비타민의 팬이었어요. 침대에 누워서 이런저런 댄스 영상을 찾아보고 있다가 비타민 영상을 보고 벌떡 일어나 앉았던 게 생각나요. "너무 예쁘고 잘한다!" 비타민에 푹 빠져서 영상을 몇 개나 연달아 찾아봤어요. 나랑 나이도 비슷한 친구들인데, '나도 저렇게 될 수 있을까?' 하고 마음속에 새싹 하나가 뽕 하고 솟아오른 느낌이랄까요? 어떤 식물의 새싹인지는 알 수 없지만 왠지 무럭무럭 자랄 수 있도록 물을 주며 키우고 싶어졌어요. 언젠가 멋진 나무로 자랄지도 모른다는 기대감 때문에 그날은 밤늦게까지 마음이 설레었던 것 같아요.

그리고 드디어 클레버TV의 오디션 공고를 보게 되어서 바로 지원을 했어요! 1차 오디션은 SNS에 영상을 올리는 것이었고, 2차는 선생님들 앞에서 실제로 오디션을 보는 것이었어요. 그렇게 클레버의 커버 댄스팀에 먼저 들어가게 됐죠. 사실 저는 비타민 프로젝트 멤버로 잠시 합류했다가, 또 정식 멤버가 되기까지 오디션을 총 네 번이나 봤어요! 그때는 그냥 닥치니까 한 거라서 별생각이 없었는데, 지금 돌아보면 여러 번 오디션을 보고 합격했다는 게 저도 신기하네요. 비타민에서는 오디션을 제일 많이 본 멤버라고 하시더라고요. 하지만 아무리 여러 번 오디션을 봐도 매번 떨리는 건 어쩔 수 없는 것 같아요. 그래서 오디션 보기 직전에는 일부러 폴짝폴짝 줄넘기하듯 뛰면서 긴장을 풀어 준답니다.

그리고 나름대로 열심히 준비를 해도 중요한 오디션에서는 꼭 실수하게 되더라고요! 사실 저도 2차 오디션 때 선생님들이 앞에 계시니까 너무 떨려서 춤 동작을 틀리고 말았어요. 그럴 때 중요한 건 실수를 하더라도 멈추지 않는 거예요. 속으로는 당황했지만 안 그런 척하면서 한 바퀴를 자연스럽게 돌았어요. 그리고 다음 동작을 이어 갔죠. 얼굴이 빨개진 게 저 자신도 느껴질 정도였던 걸로 봐서 아마 티는 좀 났을 거예요. 그래도 다행히 합격! 동작이 틀린 걸 깨달은 순간에는 분위기가 살짝 어색해지긴 하지만 일단 끝까지 무사히 마치고 나면 나름대로 잘 해냈다는 생각이 들어요.

이렇게 처음 클레버TV 오디션을 볼 때만 해도 커버 댄스팀에 꼭 들어가고 싶다는 생각만 했지, 비타민 멤버가 될 거라고는 전혀 상상도 못 했어요. 1년 동안 커버 댄스팀으로 활동하면서 그 자체로도 꿈 같은 순간들이 많았거든요. 다른 사람한테 내가 좋아하는 춤을 보여 줄 수 있고, 또 무대에 올라가면 많은 분들이 좋아해 주시는 게 정말 행복하더라고요. 그래서 커버 댄스팀에 있다가 비타민 '레고 프렌즈' 프로젝트 멤버 오디션을 보러 갔을 때도 짐짓 어리둥절한 상태였어요. 선생님이 미리 말해 주지 말라고 하셔서 엄마가 정말 아무 말도 안 해주셨지 뭐예요? 이유도 모른 채 서울에 갔고, 오디션 보러 도착해서도 멀뚱멀뚱한 채로 있을 정도로 실감이 안 났어요. 떨릴 겨를도 없어서 오히려 평소 연습하던 그대로 보여 드릴 수 있었던 것 같기도 해요.

그렇게 비타민 멤버가 되고 나서 첫 영상이 올라갔을 때는 커버 댄스팀 첫 영상 때랑 느낌이 완전히 달랐어요. 저도 제가 왜 그랬는지 모르겠는데, 비타민의 새 멤버로 저를 소개하는 영상에서 제가 오징어 춤을 추고 있더라고요! 너무 부끄러워서 차마 두 눈을 똑바로 뜨고 영상을 볼 수 없어서 겨우 실눈을 뜨고 봐야 했어요. 게다가 스마트 폰 화면 너머로만 보던 바로 그 자리에 제가 서게 되니 정 말 기분이 이상했어요. 비타민 멤버가 된 건 제가 처음으 로 꿈에 닿은 아주 특별한 순간으로 기억될 것 같아요.

사실 비타민 멤버가 되기까지 여러 번의 오디션을 보고 한 계단씩 밟아 가는 과정이 길고 지루하게 느껴질 수도 있 었어요. 하지만 저는 최종 목표를 세워 놓고 그것을 이루려 고 했다기보다는 그 순간순간을 즐겼던 것 같아요. 결승점 을 정해 놓고 그것만을 바라보고 달릴 수도 있겠지만, 어떨 때는 좋아하는 일을 열심히 하다 보면 어느새 나도 모르게 결승점에 도착하게 되는 게 아닐까요? 그리고 중요한 건 그 이후로도 계속 좋아하는 일을 향해 나아가야 한다는 거예 요. 우리는 여전히 하늘 높이 쑥쑥 자라는 중이니까요!

나는 왜 친구들보다 느릴까?

'아, 왜 이렇게 안 외워지지?'

신곡 안무 연습을 시작하면 한동안 제 몸인데도 제 것

같지가 않아요. 마음 같아서는 금방이라도 안무 동작을 다 익혀 매끄럽게 춤출 수 있을 것만 같은데, 한 동작을 익히고 나면 왜 다음 동작이 머릿속에서 까맣게 지워져 버리는지! 휴, 답답한 마음에 눈물이 왈칵 쏟아질 것 같을 때가 있기도 해요. 하지만 그런 시간이 길지는 않아요. 쉬는 시간에 타조 흉내를 내면서 뛰어다니는 친구들을 보고 깔깔거리며 웃고 나면 조금 가벼워진 마음만큼 가벼워진 몸으로 움직일 수 있게 되거든요. 조급해하는 대신에, 한 동작씩 꼭꼭 씹어 삼키고 소화하느라 시간이 걸리는 거라고 생각하기로 했어요.

제가 원래 친구들에 비해 배우는 게 조금 느려요. 비타민 멤버들이랑 같이 새로운 안무를 배우기 시작해도 제가 늘 조금씩 뒤처지거든요. 다른 친구들이 한 구간의 동작을 한 시간 만에 외운다면 저는 한 시간 반 정도는 걸리는 것 같아요. 그게 좀 속상할 때도 많은데, 레고 프렌즈로 비타민에 합류했을 때 모두들 저를 많이 도와줬어요. 그때는 지금보다 더 요령이 없고 어설프다 보니 저만 다르게 출 때가 많은 거예요. 특히 리더인 나예 언니가 그때마다 "이렇게 추면 돼" 하고 하나씩 알려 주고, 또 잘하면 칭찬해 주고 그래서 너무 고마웠던 게 기억나요.

그리고 작곡가 상아쌤도 제가 배울 때는 좀 느려도, 나중까지 제일 오래 기억하고 실력도 늘고 있다고 해주셔서 많이 위안이 됐어요. 그래서 배우는 속도에 연연하면서 너무 스트레스받지 않으려고 노력해요. 사람마다 장단점이 다 다르듯이 배우는 속도도 모두 같을 수는 없을 테니까요. 배우는 속도가 느린 것도 저만의 방식이라고 생각하고, 그 대신 더 열심히 연습하면 저도 충분히 발맞춰 나아갈 수 있겠죠?

새로운 걸 익히려면 오래 걸리더라도 계속해서 반복하는 수밖에 없는 것 같아요. 노래를 연습할 때는 녹음해서 먼저 들어 보고, 틀린 부분을 확인하고, 다시 부르면서 녹음하는 과정을 계속 반복해요. 처음에는 멜로디가 있는 MR을 틀고 연습하다가 익숙해지면 멜로디 없이 반주만 있는 걸로 연습하는데, 그렇게 하다 보면 더 정확하게 노래를 익힐 수 있더라고요.

춤을 연습할 때도 방식은 비슷한데, 몸 전체가 다 나오도록 동영상을 찍어 둔 다음에 태블릿 PC에 저장해서 여러 번 다시 봐요. 조금 이상하거나 잘 안 되는 부분을 느리게 재생해서 천천히 여러 번 연습하고, 조금씩 속도를 올려서 다시 원래 속도로 연습하는 거예요. 차로 이동할 때도 틈틈이 이런 식으로 영상을 보면서 확인하면 부족한 부분을 채울 수 있어요. 신곡이 나오면 하루의 대부분을 신곡 연습에 보내는데, 처음 일주일 정도는 계속 안무가 조금씩 바뀌기도 해요. 그래서 신곡을 연습한 지 얼마 안 됐을 때는 많이 헷갈리기 때문에 더 집중해서 연습해야 해요.

그래도 춤은 원래부터 좋아하기도 했고 예전보다 조금씩 늘고 있는 것 같은데 지금도 노래는 자신이 없어요. 노래를 칭찬해 주시는 분들도 있지만 저에게는 아직 단점밖에 안 보이더라고요. 특히 음을 길게 소리 낼 때 불안정한데 이 점을 고치려고 연습하고 있어요. 제가 생각한 대로 소리를 내야 하는데, 제 몸인데도 제 마음대로 움직이는 게 왜 이렇게 어려운지 모르겠어요.

그래서 그런지 신곡 음원을 녹음할 때는 유난히 더 떨리곤 해요. 이번 신곡까지 포함해서 총 다섯 번 음원 녹음을 했는데, 녹음실에 들어설 때의 긴장감에는 도저히 익숙해지지 않는 것 같아요. 처음에는 설레다가, 무섭기도 하고, 너무 떨리고 정말 수만 가지 생각이 번갈아 가면서 떠올라요. 처음에 마이크 앞에 서면 노래 부르는 목소리까지 덜덜 떨릴 정도예요. 그래도 선생님들이 일부러 장난도 걸어 주시고 긴장도 풀어 주셔서, 조금 지나면 금방 익숙하게 부를 수 있게 되어서 다행이에요.

비타민 멤버가 되고 나서 처음 보컬 수업을 받을 때는 선생님의 지적이 머리로는 이해가 가는데, 막상 목소리로 낼 때는 생각처럼 안 돼서 울어 버렸던 기억이 있어요. 사실 예전에는 제가 노래를 잘 못 한다고 생각해서 차에서 연습할 때도 항상 작은 목소리로 부르곤 했는데요, 어느 날 보컬 선생님께서 연습을 잘해 왔다고 칭찬해 주신 이후로는 조금 자신감이 붙어서 더 재미있게 연습하게 되었어요. 일주일에 한 번씩 보컬 수업을 할 때마다 많이 늘었다고 칭찬해 주시니까 왠지 힘도 나고 더 열심히 하게 되더라고요. 그래서인지 칭찬을 받으면 그 부분은 실력이 더 많이 느는 것 같아요. 그때 칭찬받은 아이유 언니의 〈Rain Drop〉은 지금도 제가 정말 좋아하는 곡 중의 하나예요!

차근차근 연습해 나가고는 있지만 요즘에 제일 어렵게 느껴지는 과제는 연기랍니다. 춤, 노래, 연기 중에서 연기 실력이 가장 부족하다고 생각해서 더 열심히 공부하고 있어요. 아직은 감이 잘 안 잡히기도 하고 특히 남 앞에서 연기를 하려고 하면 부끄러워져서 고민이에요. 하지만 춤이나 노래처럼 자꾸 연습하다 보면 연기 실력도 늘겠죠? 제가 배우는 게 느린 편이니까 항상 다른 친구들보다 단 30분이라도 더 연습하려고 해요.

아직 부족하지만 많은 분들이 좋아해 주시는 덕분에 힘을 얻고 지치지 않고 해나갈 수 있는 것 같아요. 처음 비타민에 합류해서 레고 프렌즈 송 〈Here we are〉의 뮤직비디오가 나왔을 때 '시윤이는 커버 댄스 할 때부터 잘했으니까 이번에도 정말 잘할 것 같아서 너무 기대된다'고 댓글을 남겨 주신 분들이 계셨거든요. 그게 아직도 기억이 나요. 그런 응원을 볼 때마다 열심히 연습해서 좋은 모습을 보여 드리고 싶다는 생각이 많이 들어요!

노력은 배신하지 않는다

저희가 비타민 활동을 하려면 체력이 뒷받침이 되어야 해서 몇 가지 간단한 운동도 같이 배우고 있어요! 댄스 수업 전에 10분씩이라도 플랭크나 스쿼트 같은 운동을 해서 팔다리에 조금씩 힘이 생기도록 하는 건데요. 제가 사실 진짜 몸치예요. 그래서인지 예전부터 옆돌기나 물구나무서기를 하고 싶었는데 정말 아예 안 됐거든요. 그런데 얼마 전에 유튜브 예능 촬영을 하면서 물구나무서기를 시도했는데 무려 1분 30초나 그 자세를 유지했지 뭐예요! 분명히 못 하던 거였는데, 갑자기 성공하니까 너무 뿌듯했어요. 시도해 보길 잘했죠? 안 되던 게 될 때의 희열은 정말 엄청난 것 같아요.

저는 원래 몸이 너무 뻣뻣해서 유연성을 조금 키워 보려고 발레를 배우기도 했어요. 처음에는 다리 찢기도 'V' 자 정도밖에 안 됐는데, 3년 동안 하다 보니까 180도 다리 찢기에도 성공하게 되더라고요! 그렇게 변화하는 제 모습이 신기하기도 하고 재밌기도 해서 한때는 발레리나를 꿈꾸기도 했답니다. 그런데 처음으로 아이돌 댄스를 배우고 난 뒤로는 꿈이 바뀌었어요. 여러 가지를 배우다 보면 내가 진짜 좋아하는게 뭔지 알게 되나 봐요. 워낙 몸치라서 제가 춤을 좋아하게 될 줄은 꿈에도 몰랐는데, 막상 해보니까 여태껏 배웠던 것 중에서 가장 재미있었어요! 잘하지 못하는데도 재미있고, 연습하면서 조금씩 실력이 느니까 자신감도 생기고요.

태어나서 처음으로 춤다운 춤을 춘 건 여덟 살 때예요. 친구들이 학예회에서 춤을 추자고 해서 걸그룹 여자친구 언니들의 〈유리구슬〉 안무를 배웠어요. 혼자 익히려니 너무 어려워서 엄마가 댄스 학원에 2주 동안 다닐 수 있게 해주셨는데 너무 재미있는 거예요! 그래서 처음에는 2주만 배우려던 게 2년이 되어버렸어요.

사실 재미있어서 꾸준히 배우다 보니 그때는 제가 잘하는 줄 알았어요! 그런데 비타민 멤버가 되면서 오히려 제가 실력이 많이 부족하다는 걸 알게 되었어요. 요즘은 예전 영상을 보면 저도 모르게 부끄러워서 눈을 찔끔 감게 되더라고요. 저는 타고난 재능파라기보다는 노력해서 조금씩 실력을 쌓아 가는 유형이라 뭐든 처음 시작할 때 어색하고 어설픈 건 어쩔 수 없다고 생각해요. 사실 처음엔 기본 동작을 익힐 때조차도 몸이 엄청 뻣뻣했거든요. 어떤 동작은 정말 몸에 익혀지지 않아서 거의 1년을 계속 연습하기도 했어요. 그러다 보니까 이제는 몸치에서는 조금 벗어나게 된 것 같은데, 저만의 생각일까요?

저는 연습할 때 목표치를 되게 높게 세우는 편이에요. 만약 오늘 처음으로 곡이 나와서 새로 배우기 시작했다면, '오늘 안에 음정과 박자 모두 다 익혀야지!' 하고요. 그런데 당연히 하루 만에 완벽하게 될 리가 없잖아요. 그래서 목표치를 달성하기가 어렵기는 하지만, 그래도 나름대로 최선의 노력을 끌어내는 저만의 방법이에요. 100%를 목표로 하고 전력으로 달리면 그래도 60~70%까지는 달성할 수 있는 것 같거든요.

하지만 제가 세운 목표대로 잘 안 되어서 답답하고 힘들 때도 많아요. 특히 노래 연습을 할 때는 마음처럼 안 돼서 울고 싶기도 했어요. 정말 잘하고 싶고 선생님께 칭찬도 받고 싶은데, 음정이 안 올라갈 때도 있고 박자가 잘 익혀지지 않을 때도 있거든요. 그래서 어떨 때는 가이드 음원을 들으면서 원하는 대로 될 때까지 4시간 넘게 혼자서 연습하기도 하고, 심지어 〈네 꿈 내 꿈〉 때는 3초 정도 되는 구간을 1시간 동안 연습한 적도 있어요. 그래도 그렇게 연습해서 결국 머릿속에 있는 소리가 실제로 목에서 나오면 기분이 엄청나게 좋아요!

비타민 활동을 하면서 내가 사랑하는 무대 위의 순간들은 마법처럼 저절로 이루어지는 게 아니라 나 스스로가 만들어 가야 한다는 걸 알게 되었어요. 그리고 그 순간을 위한 노력은 절대 헛걸음이 되지 않는다는 것도 믿게 되었고요. 내가 땀 흘려 만든 오늘의 나는 어제의 나를 배신하지 않더라고요. '노력은 배신하지 않는다'는 말도 있잖아요. 연습이 잘 안 될 때마다 제가 항상 머릿속에 떠올리고, 입밖으로 뱉어 보는 말이에요. 그냥 하는 말처럼 들릴 수도 있지만 직접 해보니까 정말 그렇게 와닿는 얘기가 없더라고요!

한 번에 완벽해질 수는 없지만 한 걸음씩이라도 걷다 보면 결국 원하는 지점에 이른다는 것을 알기 때문에 다시 벌떡 일어나서 두 주먹을 불끈 쥐어 보게 돼요. 눈에는 잘 안 보이지만 손톱만큼이라도 분명히 나아지고 있다는 걸 믿거든요. 저도 6개월, 1년 이렇게 쭉 해보니까 어려워도 뭐든 노력으로 해낼 수 있다고 생각하게 됐어요. 최근 신곡도 후렴 부분 음정이 조금 높아서 그 부분을 계속 반복해서 연습했어요. 아무리 어려워 보이는 일도 '하면 되지!'라고 생각하고 그냥 해요. 시간이 걸리더라도요.

연습이 힘들 때도 많지만 결국 제가 하고 싶은 일을 하는 시간이고, 더 좋은 무대를 위해서 준비하는 과정이잖아요. 그래서 아무리 힘들어도 '못하겠어, 그만하고 싶어' 같은 생각은 전혀 안 들어요. 저는 긍정적이라는 말을 많이 듣는 편인데, 항상 '잘 될 거야!', '할 수 있을 거야!'라고 생각하는 편이라서 그런가 봐요. 그런데 제가 긍정적으로 생각할 수 있는 이유가 바로 아까 말한 '노력은 배신하지 않는다!'는 말 때문이에요. 노력하면 발전한다는 걸 잘 알고 있으니까 걱정보다는 희망을 더 많이 품게 된답니다.

"한 번에 완벽해질 수는 없지만
한 걸음씩이라도 걷다 보면 결국 원하는
지점에 이른다는 것을 알기 때문에
다시 벌떡 일어나서 두 주먹을 불끈
쥐어 보게 돼요. 눈에는 잘 안 보이지만
손톱만큼이라도 분명히 나아지고 있다는
걸 믿거든요."

시원한 바람 부는 곳으로 달리자

오 설레는 맘 두근거리는 맘

오늘을 기다렸어

어디로 갈까

함께하고 싶은 이 순간

눈부신 하늘 반짝이는 모래도 미소 짓는 곳

시원한 바람 부는 곳으로

달려가 여름을 품은 저 바다로

– 비타민 <Vitamin Sea> 중에서

사실 비타민 활동을 하면서 거의 매일 연습하고 매주 촬영하다 보니 여행을 갈 기회가 많이 줄어들기는 했어요. 그래서 강릉에서 〈Vitamin Sea〉 뮤직비디오를 촬영하는 일정이 잡혔을 때 속으로 얼마나 설렜는지 몰라요. 이 곡은 제가 비타민에 정식 합류한 뒤 처음으로 나온 앨범이기도 해서 제가 지금도 개인적으로 좋아하는 곡 중 하나예요. 차를 달려서 노래 가사에 딱 맞는 '시원한 바람이 부는' 풍경 속에 도착하니까 어찌나 신나던지! 촬영 전날은 일찍 자야 해서 별다른 일정 없이 숙소에서 쉬었는데, 폴짝거리는 마음을 가라앉히느라 애를 먹었어요.

대신 다음 날 저녁 뮤직비디오 촬영을 마친 뒤에는 회랑 이것저것 맛있는 걸 잔뜩 먹으면서 새벽까지 다 같이 놀다 잤지요. 그다음 날 아침에는 박물관 같은 곳에 놀러 가고, 예쁜 바다도 보러 갔는데 정말 행복했어요. 비타민 친구들이랑 같이 길 위에서 술래잡기도 하면서 엄청 재미있게 놀았던 게 기억나요. 뮤직비디오 촬영이 아니라 다 같이 여행하러 온 기분이라서 촬영하는 동안에도 하나도 안 힘들었어요.

원래 뮤직비디오를 찍을 때는 보통 아주 일찍부터 출발해서 움직여요. 그래서 이동하는 차 안에서 꾸벅 잠드는 친구들도 있어요. 그런데 저는 중간에 자면 왠지 힘이 빠지고 축 처지는 느낌이 들어서 최대한 자지 않고 끝까지 버티는 편이에요. 그래서 뮤직비디오를 찍을 때마다 선생님들이 "시윤이는 에너자이저야!"라고 말씀하세요. 어떻게 잠도 안 자고 버티냐고 하면서요. 그런데 이상하게 촬영할 때는 전혀 힘들지 않더라고요.

오히려 설레고 신나는 마음이 표정에도 그대로 드러나는 것 같아요. 저는 뮤직비디오를 촬영할 때는 춤이나 연기도 중요하지만 표정이 특히 중요하다고 생각하거든요. 뮤직비디오를 보면 가수의 춤보다 오히려 표정이 금방 눈에 띄잖아요. 웃는 건지 아닌지, 진짜 기분이 좋은 건지 아닌지 다 알 수 있으니까 표정에 더 집중하게 돼요. 춤추는 데 너무 집중해서 갑자기 무표정이 되거나 하면 안 되니까, 원래 안무 연습할 때부터 표정 연습까지 같이 하는 편이고요. 제가 잘 웃는 편이긴 한데, 소리 없이 웃으면 표정이 어색해 보일 때가 있거든요. 그런 것에도 많이 신경 쓰려고 해요.

그런데 실제로 공연 무대에 오를 때는 뮤직비디오를 찍을 때랑 조금 달라요. 공연은 그야말로 딱 한 번만 실시간으로 진행되는 거잖아요. 그러니까 훨씬 긴장돼요. 무대에 올라가기 직전에는 정말 몸이 오들오들 떨려요! '틀리지 말고 평소처럼만 하자'라고 몇 번이고 마음을 다잡아요. 열심히 한다고 하는데도 아쉬움이 남을 때도 많고요.

한번은 〈쎄쎄쎄〉라는 곡으로 공연을 했었어요. 제가 좋아하는 빠른 박자의 곡이거든요. 신나고 발랄하게 부르는 곡이라 다른 친구들은 다들 귀엽고 상큼하게 잘했는데, 저만 혼자 로봇처럼 몸이 굳은 채로 춤을 췄지 뭐예요. 공연이 끝난 뒤에 너무 아쉬웠어요. 더 예쁘고 자연스럽게 보이도록 그 곡은 나중에 더 많이 연습했어요. 아쉬움이 남으면 다음번 공연을 위해 그만큼 더 열심히 연습하게 되니까 한편으론 오히려 발전할 수 있는 기회로 삼으려고 해요. 물론 한 번에 잘하면 참 좋을 텐데요….

신곡이 나와서 녹음도 하고 뮤직비디오도 찍고 나면 마지막으로 거울 안무 영상을 찍는데요, 이 영상을 찍는 건 활동을 마무리할 때가 됐다는 뜻이라서 마음이 홀가분하기도 하고 뿌듯하기도 해요. 제일 편안한 마음으로 찍는 영상이자, 또 새로운 설렘을 품게 하는 것이랄까요? 하나의 끝이 있다는 건 또 다른 시작이 기다린다는 뜻이니까요. 그래서 거울 안무 영상을 찍을 땐 스스로 이렇게 말해줘요. "이번 앨범도 잘 해냈으니까 다음번에도 사고 없이 잘 해보자! 수고했어, 시윤아!"

" 신곡이 나와서 녹음도 하고
뮤직비디오도 찍고 나면 마지막으로
거울 안무 영상을 찍는데요, 이 영상을
찍는 건 활동을 마무리할 때가 됐다는
뜻이라서 마음이 홀가분하기도
하고 뿌듯하기도 해요. 제일 편안한
마음으로 찍는 영상이자, 또 새로운
설렘을 품게 하는 것이랄까요? 하나의
끝이 있다는 건 또 다른 시작이
기다린다는 뜻이니까요. **"**

서로의 웃음이 되어 주는 우리

비타민 친구들은 저한테 웃음이 많고 흥이 많다는 얘기를 많이 해요. 저는 정말 시도 때도 없이 웃음이 터져 나와요! 다들 장난을 진짜 많이 치거든요. 연습하다가 쉬는 시간에는 개구리나 타조 흉내를 내면서 막 뛰어다니기도 하는데 저는 맨날 웃다가 숨이 넘어가려고 그래요. 사소한 장난도 너무 재밌어서, 그럴 때면 유쾌한 기분이 제 안에서 풍선처럼 부풀다가 '뻥' 하고 웃음소리와 함께 터져 나가는 것 같아요. 웃음은 항상 주변으로 전염되니까 그러다 보면 모두들 어느새 깔깔거리고 있더라고요.

제가 비타민 활동을 하면서 힘들다고 느끼는 건 딱 두 가지밖에 없어요. 하나는 연습실이랑 집이 너무 멀다는 것! 길이 안 막히면 2시간 정도 걸리는데, 가끔 길이 막히면 3시간도 걸리거든요. 이건 어쩔 수 없으니까 차 안에서 영상도 보고 게임도 하면서 최대한 재미있게 시간을 보내려고 해요. 그리고 또 하나는 연습하는데 몸이 마음을 안 따라와 줄 때예요. 좋아하는 일이니까 잘하고 싶은데 잘 안 될 때면 스스로한테 답답한 마음이 들어서 속상해요.

하지만 오랫동안 속상해하지는 않고 그날그날 털어내는 저만의 방법이 있어요. 올해부터 처음으로 일기를 쓰기 시작했거든요. 저는 원래 자기 전에 이런저런 생각을 많이 하는 편이에요. 오늘 하루 중 있었던 좋은 일, 또 힘들었던 일 같은 걸 하나씩 떠올리면서 '다음엔 이렇게 하면 더 좋아지겠지?' 하고 다짐해 보곤 해요. 그런데 요즘엔 그걸 다이어리에 쓰고 있어요. 엄마가 오늘 있었던 좋은 일을 다이어리에 써서 남겨 보라고 하셨는데, 좋은 이야기는 언제든지 사람들이랑 나눌 수 있지만 안 좋은 얘기는 가족이나 친구들 앞에서 쉽게 꺼내기 어렵잖아요. 그래서 주로 속상했던 일을 쓰게 되더라고요.

기분 좋은 얘기는 듣는 사람도 같이 웃을 수 있는데, 그렇지 않은 얘기는 괜히 내뱉었다가 상대방도 우울해질 수 있으니까 이왕이면 즐거운 얘기를 더 많이 하고 싶어요. 그래서 저의 속상한 마음을 적는 다이어리는 엄마, 아빠한테도 비밀이에요. 가끔은 자려고 누워 있다가 갑자기 벌떡 일어나 일기를 쓰고 자는 날도 있어요. 그래도 그렇게 털어 내고 나면 또 가벼운 기분으로 잠들 수 있어서 조금은 마음이 편해져요. 다이어리에 적고 나면 이상하게도 그게 그렇게 심각한 일이 아닌 것처럼 느껴지더라고요.

그리고 힘들고 걱정되는 순간들이 종종 있더라도, 하고 싶은 일을 하고 있어서 행복한 순간들이 훨씬 많으니까 괜찮아요. 만약 갑자기 어느 날 이 일을 좋아하지 않게 된다면 그때는 어떻게 될지 모르겠지만, 지금은 하루하루가 재미있고 이 일을 할 수 있어 감사한 마음이 더 큰 것 같아요. 내가 좋아하는 일로 다른 사람들에게 기쁨과 즐거움을 줄 수 있다는 건 정말 행복한 일이라고 생각해요.

특히 비타민 친구들과는 같은 꿈을 꾸고, 또 그 꿈을 향해 함께 나아가고 있으니까 아무래도 말 한마디를 하더라도 서로 공감이 많이 돼요. 누구 한 명이 춤 동작이 뜻대로 되지 않아서 울면 옆에서 "괜찮아, 우리도 그런 적 많아", "이렇게 해봐, 그러면 이번엔 잘 될 거야" 하면서 토닥토닥 응원도 해주고요. 그렇게 옆에서 위로해 주는 비타민 친구들이 있으니까 또 금방 웃을 수 있게 돼요. 신기하게도 그냥 웃어 버리고 나면 마음이 가벼워지고 다시 힘이 나더라고요.

집에서 저는 외동인데 혼자 노는 건 아무래도 재미가 없어요. 그렇지만 동생은 사촌동생으로도 충분하니까 언니가 있었으면 좋겠다고 항상 생각했거든요. 엄마한테 맨날 언니 낳아 달라고 했을 정도로요. 불가능한 걸 알면서도 그렇게 졸랐는데 비타민에서 언니, 오빠, 친구, 동생들까지 다 만나게 돼서 정말 좋아요. 모두의 존재 자체가 저에게는 힘을 낼 수 있는 긍정 에너지가 되고 있어요. 혼자보다는 같이 위로하고 응원하는 친구들이 곁에 있을 때 훨씬 많이 웃게 되거든요.

잘하고 싶은 게 생겼어요

요즘에 저는 악기의 매력에 푹 빠졌어요. 나중엔 아이유 언니처럼 악기를 연주하며 노래 부르는 가수가 되고 싶어요. 예전에는 피아노를 배웠어요. 지금은 많이 잊어버렸지만 그래도 계이름을 보면서 칠 수는 있는 정도거든요. 그래서 비타민의 신곡이 나오면 피아노로 쳐서 선생님께 들려 드리기도 했어요. 그러면서 알게 된 건 똑같은 곡이라도 어떤 악기로 연주하느냐에 따라 느낌이 달라진다는 거예요. 다른 사람이 연주하는 악기 소리를 듣는 것도 좋지만, 제가 저만의 감정을 악기에 담을 수 있으면 너무 멋질 것 같아요.

그러다 최근에 시작한 게 바로 기타예요! 레슨을 받기 시작하고 3주 만에 비타민 이모들이 기타를 선물해 주셔서 저에게는 처음으로 저만의 기타가 생겼어요! 기타를 갖게 된 것만으로도 왠지 벌써 음악가가 된 것 같은 기분이 막 드는 거 있죠? 기타의 부드러운 곡선도 너무 예쁘고 '도레미파솔라시도' 음계를 하나씩 소리 내 보는 것만으로도 어찌나 설레는지 몰라요. 아직 강약을 조절하는 것도 좀 어렵고 코드를 하나씩 잡을 때마다 엄청나게 조심스럽지만, 배우다 보면 능숙하게 칠 수 있게 되겠죠? 클레버 TV에 저의 첫 기타 레슨 영상이 올라가기도 했는데, 열심히 연습해서 팬분들에게도 실력으로 인정받는 가수가 되고 싶어요!

\# 시윤이 첫 기타 레슨 영상

요즘은 기타 칠 때랑, 가족들이랑 같이 시간을 보낼 때 제일 행복해요. 예전에는 항상 가족들과 함께 있었는데 비타민 활동을 하면서부터는 제가 밖에 나와 있는 시간이 많으니까 예전처럼 오랜 시간 같이 있지는 못하잖아요. 그래서 부모님이랑 같이 있는 시간이 더 소중해졌어요. 엄마, 아빠가 항상 저의 꿈을 응원해 주시고 실력도 많이 늘었다고 칭찬해 주시니까 비타민 활동을 하면서 늘 든든하고 용기도 생기곤 해요.

제 생각에 꿈이란 내가 가장 하고 싶은 것, 가장 즐길 수 있는 것, 그리고 그걸 하는 동안 가장 행복한 것이 되어야 하는 것 같아요. 꿈을 이루려면 힘든 일들이 있을지도 모르는데, 좋아하는 마음이 더 커야 꿈을 포기하고 싶은 순간이 와도 이겨 낼 수 있으니까요.

그리고 꿈을 찾기 위해서는 새로운 도전도 필요하다고 생각해요. '내가 할 수 있을까?', '잘 못 하면 어쩌지?' 그런 생각이 들 수 있지만, 그것도 실제로 부딪쳐 봐야 알죠! 오디션에 떨어지더라도 다음 기회에 다시 도전하면 돼요. 떨리고 무섭다는 이유로 한 번 기회를 놓쳐 버리기 시작하면 계속해서 도전하지 못할 수도 있어요. 다음번이라고 안 떨리고 안 무서울 리가 없잖아요. 일단 시도해 보면 실패가 별것 아니라는 생각이 들어요. 그 순간을 잘 이겨 내면 오히려 다음 도전을 계속하기도 더 쉽다고 생각해요.

제가 팬으로서 비타민을 보며 좋아하고 공감했던 것처럼, 또래 친구들이 저희를 많이 좋아해 주고 지켜봐 주잖아요. 비타민과 비슷한 꿈을 꾸고 있는 친구들도 용기 내어 도전해서 꼭 꿈을 이뤘으면 좋겠어요. 만약 달리다가 넘어지더라도 다시 일어나서 열심히 뛰면 돼요. 어쩌면 포기하는 순간이 올 수도 있겠지만, 도전하지도 않고 포기부터 해버리면 그건 너무 아쉽잖아요. 우리는 뭐든지 될 수 있는 가능성을 가지고 있으니까, 혹시 포기하더라도 그 전에 일단 도전부터 해봤으면 해요! 저도 잘하고 싶은 게 아직 너무 많아요. 잘할 수 있을지 없을지 모르지만 저도 일단 씩씩하게 부딪쳐 볼 거예요!

지금 제가 꾸는 또 다른 꿈은 비타민을 통해서 많은 팬분들께도 제가 느끼는 행복들을 전해 드리는 거예요. 그리고 실력을 쑥쑥 키워서 나중에는 비타민의 '한라봉'뿐만 아니라

가수 오시윤으로서도 사랑받고 싶어요. 아마 그때는 훨씬 능숙해진 기타 실력을 보여 드릴 수 있을지도 몰라요.

3. 하고 싶은 게
너무 많아요!

도전을 멈추지 않는
꿈꾸는 래퍼 도전 사랑

피팅 모델에서 시작된 꿈의 변천사

저는 네 살 때부터 어린이 피팅 모델을 시작했어요. 그땐 뭐가 뭔지도 잘 모르면서 그냥 예쁜 옷을 입고 카메라 앞에 서서 포즈를 취하는 게 재미있었어요. 처음에는 주변에서 알려 주시는 대로 포즈를 잡았는데, 여러 차례 하다 보니까 자연스럽게 익숙해지기 시작하더라고요. 예쁜 옷도 구경할 수 있고 도와주시는 선생님들도 항상 재미있게 해주셔서 그냥 색다른 놀이 공간에 가는 것처럼 마냥 즐거웠어요. 사진이 잘 나오면 그것도 기분 좋고요. 그래서 그때는 막연하게 나중에 연예인이 되면 이런 일을 계속 할 수 있지 않을까 생각했어요. 그 후로 12살까지 제 꿈은 항상 연예인 아니면 치과의사였어요. 치과의사는 왜 꿈꿨는지 기억이 안 나는데, 그냥 언제부턴가 그 두 가지 직업이 제 머릿속에 들어와 있었어요.

그런데 시간이 지나면서 차츰 여러 가지를 경험해 볼수

록 좋아하는 일도, 하고 싶은 일도 많아졌어요. 저는 한 살씩 나이가 늘어갈 때마다 꿈도 늘어나고 있거든요. 사실 피팅 모델을 하던 때만 해도 비타민처럼 춤추고 노래하는 데에는 크게 관심도 없었고, 제가 그런 걸 할 수 있을 거라고 생각하지도 않았어요. 그런데 곰곰이 생각해 보니까 저도 방송에 나오는 사람이 되고 싶은 거예요. 그래서 '일단 해보자!' 하고 일곱 살 때쯤 연기를 배우기 시작했는데, 막상 해보니까 저랑 잘 맞고 재미있었어요. 그러다 유튜브 영상을 보다가 비타민을 알게 됐는데, 저도 비타민처럼 춤도 추고 노래도 하고 싶다는 생각이 점점 커지더라고요. 그렇게 새로운 꿈이 마음속에 비눗방울처럼 두둥실 떠올랐고, 그 조그마한 비눗방울을 간직한 채로 조금씩 연습하고 공부하다가 클레버에 들어오게 된 건 아홉 살 때예요.

비타민 오디션이 열린다는 소식을 들었을 때 '기회가 왔다!'는 생각에 너무 좋더라고요. 비타민 1집에 있는 〈해피데이〉를 연습해서 오디션을 봤는데, 합격 소식을 듣고 정말 날아갈 듯 기뻤어요. 한편으로는 잘할 수 있을까 걱정도 되긴 했지만, 그보다 당장은 기분이 좋은 게 훨씬 컸어요. 게다가 제가 비타민에 들어왔을 때 지금 멤버 중에 나예 언니랑 채민이가 있었는데, 영상에서만 보던 사람들이 내 눈앞에 있으니 좀 신기하더라고요. 어색할 줄 알았는데 다들 먼저 다가와 주고 챙겨 줘서 금방 친해졌어요.

클레버에 들어오기 전에도 댄스 학원에 다니면서 춤을 배워 본 적이 있지만, 그때는 특별한 목표가 있는 게 아니라서 그냥 막연하게 연습했거든요. 그런데 비타민 멤버가 되어서 멤버들과 함께 연습을 하니까 훨씬 더 즐거웠어요. 비타민에서 같은 꿈을 꾸고, 같은 목표를 향해 함께 나아가면서, 서로서로 원동력이 되어 주니까 배우고 연습하는 즐거움이 훨씬 컸던 것 같아요. 그냥 무작정 그날의 진도를 나가는 것과 어떤 목표를 가지고 연습하는 건 다르더라고요. 열심히 배워서 비타민 멤버들이랑 다 같이 맞춰 보고 하나의 무대를 만들어야 하니까 잘하고 싶은 마음이 더 커졌어요. 비타민이라는 하나의 꿈을 이룬 것으로 모든 것이 끝난 게 아니라, 오히려 더 커다래진 꿈의 비눗방울 속으로 내 몸이 쏙 들어가서 그 꿈과 함께 점점 더 부풀어 오르고 있어요.

한 번도 해보지 않았던 일에 도전한다는 건 항상 두려

운 일이에요. '잘 못 하면 어떡하지?', '실수하거나 혼나면 어쩌지?' 같은 생각에 걱정될 때가 많아요. 그래도 막상 부딪쳐 보면 걱정했던 것과 달리 결과가 좋을 때가 있더라고요. 그걸 안 후로 이제는 '일단 해보고 나서 생각하자'고 마음을 바꿨어요. 제가 해보지도 않고 연기는 재미없을 것 같으니까 안 해야겠다고 결정했거나, 잘 못 할 것 같아서 비타민 오디션을 보지 않았다면 지금처럼 좋아하는 일을 하고 있을 수도 없을 테니까요. 시도를 해야 작은 가능성이라도 생기잖아요. 그래서 일단은 뭐든지 해보려고 해요. 꿈은 비눗방울처럼 어디로든 자유롭게 뻗어 나갈 수 있고, 그걸 따라가다 보면 분명히 작은 가능성들을 발견할 수 있다는 걸 이젠 분명하게 알거든요.

오늘은 예쁜 옷을 잔뜩 입는 날

매일 아침에 일어나서 제가 제일 먼저 하는 일은 침대 옆으로 조르르 달려온 자몽이를 꼭 끌어안아 주는 거예요. 자몽이는 개인기도 많고 똑똑한 우리 집 반려견이에요. 자몽이를 쓰다듬으면서 무거운 눈꺼풀을 겨우 밀어 올린 다음에 욕실로 씻으러 가요. 씻고 나와서는 거울을 보면서 먼저 스킨 패드로 피부 결을 정돈하고, 이어서 로션이랑 크림을 발라 줘요. 외출할 때는 그 위에 쿠션으로 된 선크림도 톡톡 두드려주고, 가끔 너무 건조해서 입술이 아플 땐 립밤까지 발라 주는데요, 여기까지가 제가 아침마다 하는 일이에요. 참, 세수할 때는 고양이 세수처럼 물만 묻히지 않고 비누 거품을 잘 내서 꼼꼼히 얼굴을 문지르고 물로 깨끗이 씻어낸 다음에 로션을 꼭 발라 주는 게 저의 피부 관리 팁이랍니다! 옷도 입고 외출 준비를 다 마치고 나면 이제 연습실이나 촬영장으로 출발해요. 그중에서도 제가 가장 좋아하는 날이 있는데요!

"자, 사랑이 촬영 들어갈게요!"
"네!"
"포즈 바꿔서 다시, 조금만 몸을 돌려 볼게요. 좋아요."

클레버에서 운영하는 의류 쇼핑몰 '클레버몰'의 피팅 모델이 되어 촬영을 하는 날이에요. 한쪽에서는 바쁘게 옷을 갈아입고, 또 한쪽에서는 촬영을 하느라 스튜디오가 북적북적해요. 저는 이런 촬영을 정말 좋아해요! 가득 쌓여 있는 예쁜 옷들을 이것저것 많이 입어 볼 수 있기도 하고, 마음에 드는 옷을 입고 촬영하는 것도 신나거든요. 원피스도 입었다가 티셔츠랑 치마도 입었다가 하면서 카메라 앞에서 다양한 포즈로 촬영을 진행해요. 가끔은 촬영하는 옷에 어울리는 신발이나 팔찌 같은 걸 제가 직접 고를 때도 있답니다. 예전에는 비타민 멤버 다 같이 클레버몰 피팅 모델 촬영을 했었는데, 키 차이가 많이 나고 옷 사이즈도 각자 다르다 보니까 이제는 체격이 비슷한 동갑내기 친구인 저랑 시윤이가 주로 하게 되었어요.

패션쇼나 쇼핑몰 의류 촬영은 예쁜 옷을 더 예뻐 보이게 하는 게 중요하니까, 옷에 어울리는 포즈를 취하는 것도 중요하잖아요. 평소에 패션에 관한 유튜브 채널을 즐겨 보면서 '이런 옷에는 이런 분위기가 어울리는구나' 하면서 감각을 조금씩 익히고 있어요. 다른 모델들은 어떻게 하는지 관찰하기도 하고, 꼭 패션 관련 영상이 아니더라도 영화나 드라마에서 배우들이 어떤 옷을 입고 어떤 캐릭터를 연기하는지 살펴보면 느낌을 좀 알 것 같아요. 활동적인 옷을 입으면 몸을 많이 움직이면서 개구쟁이 같은 느낌을 주려고 하고, 단정하고 얌전한 옷을 입을 때는 또 그런 옷에 어울리는 단아한 소녀 같은 분위기로 옷이 돋보일 수 있도록 하려고 하는 편이에요. 피팅 모델 활동을 오래 하다 보니까 이젠 자연스럽게 포즈가 나오기도 해요.

비타민 활동을 하기 전에는 부산에서 키즈 모델 패션쇼에 나간 적도 있어요. 여덟 살 때였는데 사람들이 엄청 많고 무대가 관객으로 둘러싸여 있어서 너무 떨렸어요. 한 명씩 걸어 나갔다가 들어와서 다시 다 같이 나갔다 들어오는 단순한 동선이었는데, 전날 숙소에서 연습을 했는데도 막상 무대에 서니까 심장이 두근두근했어요. 표정은 태연한 척했지만요. 예쁜 옷 입는 걸 좋아해서 그런지 이런 일을 할 때는 떨리긴 해도 정말 재미있어요.

비타민에서 뮤직비디오를 촬영할 때는 보통 상아쌤이나 촬영 스타일링 담당 선생님이 의상을 골라 주시는데, 그 외에 예능 촬영은 거의 다 사복을 입고 해요. 아침에 옷장 앞에서 그날 입을 옷을 고르는데, 엄마랑 같이 고를 때도 있고 제가 알아서 결정할 때도 있어요. 사실 엄마가 골라 주셔도 제 마음에 안 들면 바꿔 입는 편이에요. 어떤 날은 좀 캐주얼하게 입고 싶고, 또 어떤 날은 스포티하게 입고 싶기도 하고 그렇잖아요. 그날의 기분에 따라서 예쁜 옷을 골라요. 촬영이 있으면 촬영을 고려해서 입어야 하는데, 만약 촬영 때문에 입고 싶은 옷을 못 입으면 촬영장에 와서 갈아입기도 해요. 오늘 치마를 입고 싶은데 댄스 촬영이 있어서 바지를 입어야 한다면, 일단 입고 싶었던 옷을 입고 나와서 촬영장에서 촬영에 맞는 옷으로 바꿔 입는 거예요.

옷은 클레버몰에서 사기도 하고, 피팅 모델을 하면서 입어 본 옷들 중에서 마음에 드는 걸 사기도 해요. 엄마가 직접 제 옷을 사 오시거나 인터넷으로 산 옷이 택배로 도착하면 제가 제일 먼저 달려가서 얼른 뜯어 봐요. 바로 입어 보고 사이즈도 확인해 보고, 잘 어울리는지 거울에도 비춰 보고요. 옷에 관심이 많다 보니까 옷에 대한 취향도 좀 확실한 편이거든요. 저는 반짝이거나 화려한 옷을 안 좋아하는 편이고, 청바지에 흰 티처럼 깔끔하고 캐주얼한 느낌의 옷이 좋아요. 제가 제일 좋아하는 색깔은 보라색이랑 노란색인데, 이상하게도 옷은 하얀색이랑 검은색이 제일 좋아요. 레깅스나 트레이닝복처럼 스포츠웨어 느낌도 좋아해요.

가끔은 제가 어른들에게 옷을 골라 드릴 때도 있어요.

저번에는 엄마랑 아빠랑 다 같이 쇼핑몰에 갔는데, 제가 아빠 신발을 골라 드렸어요. 근데 엄마, 아빠가 다 예쁘다며 마음에 들어 하셔서 저도 무척 뿌듯했어요. 가끔은 허쌤 이랑 유쌤한테도 슬쩍 패션 스타일 조언을 해드리기도 한답니다. 선생님들은 웃으시지만 혹시 모르잖아요, 제가 커서 패션 트렌드를 이끄는 미래의 패셔니스타가 될지도!

과정이 있어야 결과도 있는 거니까

연습실에 오면 일단 트레이닝복으로 갈아입고 연습화도 신은 다음에 텀블러에 물을 가득 담아요. 연습 시작 시간까지 시간이 좀 남아 있을 때는 플랭크 같은 간단한 동작을 하기도 해요. 선생님들이 저희가 아직 어려서 몸에 힘이 별로 없으니까, 배랑 팔다리에 힘을 키워 주려면 운동도 같이 하는 게 좋다고 하셨거든요. 그러고 나서 바운스나 아이솔레이션 같은 기본기 연습을 하면서 몸을 좀 풀어주고, 그다음에 본격적으로 춤 연습을 시작해요.

보통은 단체로 연습을 하다가 개별 연습 때는 각자 잘 안 되는 구간을 반복해서 연습하는 편이에요. 어려운 동작은 선생님께 여쭤보기도 하고, 멤버들끼리 서로 알려 주기도 하고요! 비타민 멤버들 모두 정말 열심히 연습하는데, 다들 실력이 계속 느는 게 보여서 친구들이 멋있게 느껴지고 부럽기도 해요. 특히 나예 언니는 한 가지 연습을 시작하면 제대로 될 때까지 한 다음에 쉬는데, 전 그게 참 대단해 보여요. 저는 힘들면 조금 쉬고 싶어지는데, 나예 언니는 힘들어도 잠깐 물 마시고 바로 이어서 끝까지 하거든요. 그 모습을 보면 자극이 되어서 '나도 조금만 더 연습하고 쉬어야지' 하면서 다시 힘을 내게 돼요.

어떤 곡을 연습하든 안무 중에 유난히 잘 틀리거나 어려운 부분이 한 동작씩은 꼭 있어요. 저번에는 블랙핑크 언니들의 〈How you like that〉을 댄스 커버 했는데, 연습할 시간이 부족해서 정말 힘들게 동작을 맞췄어요. 시간이 될 때 개인적으로 연습하다가 만나서 단체로 안무를 맞춰 보는 식으로 준비했거든요. 그런데 혼자 할 때는 분명히 문제가 없었던 동작도 다 같이 동선을 맞추다 보면 헷갈릴 때가 있어서 생각한 대로 매끄러운 동작이 나오지 않기도 해요. 그럴 때면 마음이 답답하고 힘들어요.

    ❝ 최근에 신곡 뮤직비디오 촬영을 준비할
    때는 단체 동작 중에 잘 안 맞는 부분이
    있어서 똑같은 구간을 50번 넘게
    반복하기도 했어요. 하지만 그러다 결국
    딱 맞았을 때는 정말 기분이 좋아요.
    힘들었던 게 싹 날아가는 기분이랄까요?
    그런 순간들 때문에 힘들고 지루해도
    계속 연습을 반복할 수 있는 것 같아요.❞

최근에 신곡 뮤직비디오 촬영을 준비할 때는 단체 동작 중에 잘 안 맞는 부분이 있어서 똑같은 구간을 50번 넘게 반복하기도 했어요. 하지만 그러다 결국 딱 맞았을 때는 정말 기분이 좋아요. 힘들었던 게 싹 날아가는 기분이랄까요? 그런 순간들 때문에 힘들고 지루해도 계속 연습을 반복할 수 있는 것 같아요. '이건 정말 안 될 것 같다' 싶다가도 막상 반복해서 연습하다 보면 결국 되긴 되더라고요. 그리고 잘 안 돼서 힘들 때도 잘할 수 있을 거라고 부모님이 응원해 주시면 힘이 나고, 클레버TV 댓글 같은 데서 '파이팅!'이라는 글을 보면 '다시 할 수 있을 것 같다', '다시 해 봐야겠다'고 의욕이 생겨요.

사실 클레버에 처음 들어왔을 때는 제가 봐도 정말 춤을 못 췄거든요. 그런데 연습을 반복하면 할수록 아주 조금씩이라도 실력이 점점 느는 것을 느껴요. 지금은 그때보다는 좀 나아진 것 같은데 저만의 생각일까요? 저 스스로 예전보다는 좀 더 만족할 수 있게 되었나 봐요. 끊임없이 노력하면 결국 해낼 수 있고 성공할 수 있다는 어른들 말씀이 이제 좀 이해가 돼요.

그리고 아무리 힘들어도 연습을 조금이라도 더 하려고 하는 건, 무대에 올라가기 직전의 심정이 어떤지 알기 때문이에요. 무대에 올라가기 전에는 항상 연습시간 1분, 1초가 소중하다는 생각이 들어요. 무대에 올라가기 10초 전에 가장 심장이 쿵쾅거려요. '연습할 시간이 하루만 더 있었으면 좋았을 텐데…. 좀 더 연습하면 더 잘할 수 있을 것 같은데, 왜 하필 오늘일까?' 매번 그런 생각을 해요. 아무리 충분히 연습했어도 자꾸 뭐가 부족한 것 같아서 아쉽고, 그러다 보면 긴장해서 평소엔 잘하던 안무 동작을 틀릴 때도 있고요.

열심히 연습한 덕분에 보통은 무사히 무대를 잘 마치지만, 그래도 가끔은 실수를 하는데 그럴 땐 항상 아쉬움이 남아요. 한번은 2절과 1절을 착각해서 춤이랑 동선을 틀린 적이 있었어요. 무대에서 내려오자마자 저절로 한숨이 푹 나오더라고요. 멤버들은 괜찮다고, 다음에 더 잘하면 된다고 서로 토닥여 주긴 하는데 그래도 속상한 마음은 어쩔 수 없죠. 집에 가서도 자꾸 생각이 나요. 심지어는 무대에서는 잘 안 되던 게 집에 와서 하면 잘 될 때가 있는데 그럴 때도 너무 속상해요. 그래서 아쉬움이 남지 않도록 연습을 할 수 있을 때 조금이라도 더 해야겠다고 다짐하곤 해요.

　무대에 올라가기 직전에는 1, 2초가 10분처럼 길게 느껴지는데, 막상 무대가 끝나면 항상 '왜 이렇게 시간이 빨리 지나갔지?' 싶어요. 준비한 시간에 비하면 그 결과를 보여 주는 시간은 정말 짧잖아요. 뮤직비디오도 한 달 넘게 준비하지만 영상은 겨우 4분 남짓이고요. 그런데도 그 짧은 순간이 왜 이렇게 좋고, 설레고, 매력적인 걸까요? 그래서 아무리 힘들어도 열심히 하다 보면 결국 어떤 결과물이 만들어질 거라는 생각에 힘이 나요. 그 긴 과정이 있어야 결과도 있는 것일 테니까요. 100시간을 연습해서 4분짜리 영상 하나가 딱 만들어져도 그게 너무 뿌듯해요. 100시간의 연습이 있었기 때문에 가장 완벽한 모습을 영상에 담을 수 있었던 거잖아요. 그 결과를 얻기 위한 긴 과정이 하나도 아깝지 않게 느껴지는 게 어떻게 보면 참 신기하기도 해요. 오히려 그 빛나는 순간을 만들기 위해 더 많은 땀을 흘리게 되니까요.

때로는 신중하게, 때로는 무작정 돌진!

워낙 활동적인 걸 좋아해서 그런지 저는 잘 다치는 편이에요. 제가 아주 어렸을 때라 기억나지 않지만 부모님이 말씀해 주신 사건이 있어요. 제 생일 때였는데, 이모가 미역국을 끓이고 계셨고 저는 선 채로 TV를 보고 있었대요. 그때 이모가 미역국을 제 뒤쪽에 놔뒀는데, 제가 순간 그 위로 털썩 앉아 버린 거예요. 그래서 다들 깜짝 놀라고 저도 뜨거운 미역국 때문에 엉덩이에 화상을 입었대요. 다행히 많이 다치진 않았어요. 지금은 엄마랑 이모가 매번 놀리는 흑역사가 됐지만요.

한번은 밖에서 놀다가 하수구 구멍에 무릎이랑 팔꿈치를 진짜 세게 박아서 피도 많이 나고 엄청나게 울었던 적도 있어요. 이런 일을 자주 겪다 보니 느낀 건데, 별생각 없이 '괜찮겠지' 할 때는 방심하는 틈에 다칠 때가 많고, '넘어지면 어쩌지?' 하고 걱정하면 오히려 안 넘어지는 것 같아요. 아무래도 긴장을 하면 더 신중하게 움직이게 되니까 다칠 일이 덜 생기나 봐요.

근데 무대에서 공연할 때는 좀 달라요. 너무 걱정하거나 긴장하기보다는, 그냥 아무 생각도 하지 않은 채 무대에 집중할 때 오히려 공연이 제일 만족스러워요. 무대에 올라가기 전에는 항상 불안하긴 한데 그래도 음악이 딱 흘러나오기 시작하면 그냥 지금까지 연습해 온 것을 믿는 거예요. '이거 자주 틀리던 부분인데', '이 동작은 어려운데 틀리면 어쩌지?' 그런 생각을 하다 보면 오히려 안무 동작이 꼬여 버리거든요. 그래서 오히려 그 순간에는 머릿속을 비우고 별다른 생각을 하지 않으려고 노력해요. 틀릴까 봐 걱정한다고 해서 무대에 올라가지 않을 수는 없으니까요!

수영할 때도 그렇잖아요. 수영을 배웠어도 아직 익숙하지 않을 때는 물속에 들어가려고 하면 '물에 빠져서 못 나오면 어쩌지?' 하는 생각에 무섭기도 하고 불안하기도 한데, 막상 물속에 들어간 다음에는 어떻게든 헤엄치게 되거든요. 배웠던 수영 방법이 생각나기도 하고요. 그래서 어떨 때 불안할수록 이것저것 계산하지 않고 일단 해버리는 게 정답인 것 같아요. 저는 하고 싶은 게 있으면 겁이 나더라도 일단은 해보는 편이에요. 그래야 할 수 있는지 없는지 알 수 있으니까요.

새로운 걸 배울 때는 당연히 처음에는 잘 못 하고 어려울 수밖에 없어요. 저는 퀵보드, 자전거, 인라인스케이트, 보드, 롤러스케이트 등등 몸을 움직이는 스포츠를 대부분 좋아해서 거의 다 배웠거든요. 그런데 처음에는 넘어지기도 하고 무섭기도 하잖아요. 특히 두발자전거 같은 건 처음 배울 때는 자꾸 넘어지니까 어렵게 느껴지지만 결국 중심 잡는 데 익숙해지면 페달을 밟을 때 쾌감이 있거든요. 그런 점이 재밌어서 계속 새로운 걸 배우고 싶어져요. 배우기 어려운 것일수록 결국 제가 해냈을 때 훨씬 더 뿌듯하거든요. '다치면 어떡하지?' 같은 생각이 아예 안 드는 건 아닌데, 조심조심 타면 되고, 그랬는데도 넘어지면 약 바르고 밴드 붙이고 그렇게 치료하면 되니까요.

춤이나 노래도 저는 새로운 걸 배울 때가 제일 재미있어요. 처음에는 아무것도 모르는 상태니까 어렵게 느껴지지만, 뭔가 내가 모르던 새로운 영역의 것들을 알아가고 그것들을 몸에 익히는 단계 하나하나마다 도전 의식이 생겨요. 시작하기 전에는 아무리 무섭고 떨려도, 결국 그걸 해내고 났을 때의 성취감이 무지하게 크다는 걸 알기 때문에 안 하는 것보다는 무조건 하는 게 더 나아요.

그래서 그런 걸까요? 저는 클레버 예능을 촬영할 때에도 특히 뭔가 도전하거나 대결하는 콘텐츠가 재미있어요. 어려운 동작에 도전해서 성공하거나, 안무 바꿔 추기 대결, 달리기 같은 거요. 음, 제 생각엔 비타민 멤버들뿐 아니라 선생님들도 입장 바꿔서 도전하는 영상을 찍어 보면 재미있을 것 같아요. 유튜브 구독자분들이 댓글로, 허쌤이 저희가 하는 숙제나 학습지 문제 빨리 풀기에 도전하는 걸 추천해 주셨는데, 다음 도전 콘텐츠로 만들면 재미있지 않을까요? 어려운 수학 문제집으로 골라서 도전해 보자고 건의해 봐야겠어요!

내가 랩을 할 수 있다고?

예전에는 지금보다 제 목소리가 많이 허스키한 느낌이었어요. 남자 목소리 같기도 해서 저는 사실 제 목소리가 너무 싫었거든요. 그런데 자라면서 점점 목소리가 많이 바뀌었어요. 지금도 허스키한 음색이 남아 있긴 하지만 예전보다는 마음에 들어요. 저는 제 목소리가 별로인 줄만 알았는데 오히려 그걸 저만의 색깔로 좋게 봐주시는 분들도 많더라고요. 덕분에 광고 후시 녹음이나 애니메이션 더빙을 해볼 기회가 생기기도 했어요. 나예 언니랑 같이 〈떵가떵가 팅카〉라는 애니메이션에서 더빙을 했는데, 나예 언니가 '열무' 역할을 맡고, 제가 '동구' 역할을 맡았어요. 아쉽게도 영상이 공개되지는 않았는데, 그래도 재미있는 경험이었어요. 똑같이 목소리로 하는 일인데도 더빙은 노래랑 완전히 달라서 신기했거든요.

노래할 때는 반주나 멜로디가 있으니까 그 위에 목소리를 올리면 되는데, 더빙은 영상을 보면서 캐릭터의 입 모양에 맞춰서 대사를 해야 하니 더 어렵더라고요. 그리고 노래처럼 정해진 멜로디가 있는 건 아니지만 캐릭터에 잘 어울리도록 억양이나 말투 같은 것에 더욱 신경 써야 했어요. 분명히 제 목소리로 더빙을 했는데도 영상을 보면서 들으면 제 목소리 같지 않고, 캐릭터가 진짜로 말하는 것 같아서 재미있었어요. 더빙을 할 때는 많이 떨렸는데 다들 잘했다고 칭찬해 주셔서 마음이 놓였어요.

허스키한 음색이 살짝 튀는 편이라 오히려 랩 파트에 잘 어울리는 것 같기도 해요. 그래서인지 비타민에서 어느샌가 랩 파트를 주로 담당하게 되었는데, 사실 저에게는 랩도 정말 새로운 도전이었어요. 처음에는 〈You are special〉이라는 곡에 랩 파트가 있어서 모든 멤버가 랩 연습을 했는데, 결국 제가 그 파트를 맡게 된 거예요. 랩을 한 번도 해본 적이 없는 제가 랩을 한다는 것 자체가 신기했어요. 그전에는 랩을 들으면서도 내가 할 수 있을 거라고 생각해 본 적이 없었거든요. 그런데, 상아쌤이 랩을 할 때 리듬 감각이 좋다고 칭찬해 주셔서 용기를 냈어요.

우리는 너무 작고 귀여운 아이

세상 물정 모르는 아름다운 나이

알게 모르게 상처받는 사이

내 마음이 '아이쿠' 아파 버렸죠

– 비타민 〈You are special〉 중에서

랩은 노래와는 또 다른 매력이 있는 것 같아요. 노래는 음정의 높낮이 변화가 많은 데 비해서 랩은 몇 개의 음정 안에서 움직이는 느낌이에요. 고음에 대한 부담은 적지만 대신에 발음에 신경을 더 많이 써야 해요. 랩을 할 때는 아무래도 말을 빠르게 내뱉듯이 하다 보니까 정확하게 발음을 해도 듣는 사람에게는 내용이 명확하게 전달되지 않을 수 있어요. 그런데 발음까지 부정확하면 더 안 들리게 되니까 정확히 발음하는 게 중요하더라고요. 평소 연기 수업을 할 때 종이에 쓰인 문장들을 읽으면서 발음 연습을 하는데, 랩을 할 때도 주로 그런 식으로 발음 연습을 해요.

랩을 배우기 시작한 뒤로는 가수 윤미래 님 영상도 많이 찾아봤어요. 예전에 엄마가 추천해 주셔서 보게 된 건데, 랩을 너무 잘하서 홀딱 반했지 뭐예요. 윤미래 님이 심사위원을 맡으셨던 〈위키드〉라는 프로그램도 정주행해서 봤는데, 저도 그렇게 잘하고 싶다는 마음이 들었어요. 아직은 부족한 점이 많아요. 녹음할 때 목소리가 걸걸하게 나오는 것 같기도 하고, 나중에 들어 봐도 다른 사람 목소리 같아서 조금 어색하기도 해요. 하지만 저만의 새로운 매력을 찾아 가는 과정일지도 모르니까 자신 있게 해보려고요! 한 번도 내가 할 수 있다고 생각해 본 적 없는 일에 도전하는 건 떨리고 걱정되지만, 한편으로는 낯설고 새로운 세상에 도착한 것처럼 흥미로운 일이에요. 저는 내가 뭘 할 수 있는지, 그리고 어떤 걸 좋아하는지 발견해 가는 게 재미있어요.

66 랩은 노래와는 또 다른 매력이 있는 것
같아요. 노래는 음정의 높낮이 변화가
많은 데 비해서 랩은 몇 개의 음정 안에서
움직이는 느낌이에요. 고음에 대한
부담은 적지만 대신에 발음에 신경을
더 많이 써야 해요. 99

같이 웃고, 울고, 위로하고

비타민 활동을 하면서부터는 아무래도 비타민 멤버들과 가장 많은 시간을 보내게 돼요. 같은 일을 하고 늘 함께 연습하다 보니 자연스럽게 서로 잘 맞는 부분이 많아졌나 봐요. 쉬는 시간 동안이나 서로의 집에 놀러 가서도 '노래 한번 들어 볼까?', '춤 한번 춰보고 놀까?' 하면서 중간에 갑자기 노래나 춤을 맞춰 보기도 하거든요. 연습하다가 같이 놀고, 놀다가 또 생각나면 연습하고, 그냥 그런 게 평소에 서로 익숙해요. 특히 동갑 친구 시윤이는 나이가 같은 만큼 관심사도 비슷하고 학교에서 배우는 내용도 똑같으니까, 서로 공유할 수 있는 게 많아서 좋아요.

비타민 멤버들은 서로 성격이 비슷하면서도 다른데, 저는 친구들이 슬플 땐 같이 슬퍼지고, 웃을 땐 같이 웃게 될 때가 많아요. 연습하다 보면 지칠 때도 있잖아요. 열심히 노력해도 몸이 안 따라 주거나, 혼자서만 잘 안 되는 동작이 있으면 속상해지고요. 그러면 가끔 누군가 울기도 하는데, 그럼 저도 괜히 슬퍼져서 옆에서 위로해 주고 웃겨 주려고 해요. 멤버들이 속상해할 때 옆에서 이야기를 듣다 보면 저도 그 마음이 이해가 되고, 기분을 풀어 주고 싶은 마음이 들거든요. 노래할 때나 춤을 출 때 특히 잘 안 되는 부분이 있다고 하면 "내가 알려 줄까?" 또는 "같이 연습할까?" 하면서 뭔가 도움을 주고 싶어져요.

반대로 제가 힘이 없거나 축 처져 있을 때도 마찬가지로 멤버들이 모두 나서서 달래 줘요. 어떤 느낌인지 서로 잘 아니까 더 잘 이해하고 도와주게 되나 봐요. 멤버들이 기운이 없으면 저도 같이 기운이 없고, 멤버들이 다시 활기를 찾으면 저도 그제야 의욕이 생겨요. 분위기가 좀 가라앉는 듯하면 분위기를 밝게 바꾸려고 제가 일부러 막 흐느적거리면서 장난을 칠 때도 있어요. 그런 일이 반복되다 보니 언제부턴가 저는 웃기려고 한 말이 아닌데도 친구들이 웃고 그래요. 비타민 멤버들은 다들 밝고 잘 웃는 편이라, 그때그때 돌아가면서 분위기 메이커 역할을 해요. 이제 눈빛만 봐도 서로가 어떤 기분인지 알고, 거의 매일 만나고 같이 생활하다 보니 마음이 더 잘 통하는 것 같아요.

연습하다 보면 마음처럼 잘 안 될 때가 있는데, 그럴 때는 긍정적으로 생각하려고 노력하는 편이에요. 원하는 대로 안 된다고 혼자 시무룩하게 있어 봐야 달라지는 것도 없잖아요. 그냥 좀 기다리거나 노력하다 보면 해결되는 것들도 있고요. 그래서 기분이 좀 안 좋은 일이 있어도 그냥 넘겨 버리고 다음에 생길 좋은 일에 대해서만 생각해요. 행복한 순간들이 많은 만큼 그렇지 않을 때도 많지만, 기분이 너무 안 좋을 때는 엄마와 얘기하면서 풀기도 해요.

엄마한테 "이런 게 힘들어요", "이런 게 잘 안 돼요" 하고 얘기하다 보면, 엄마가 "이렇게 해봐"라고 조언을 해주시는데, 그럼 엄마 말씀대로 해봐요. 연습에 대한 것이든 친구들에 대한 것이든, 엄마에게 털어놓고 얘기하면 마음이 좀 편해져요. 그리고 항상 제 옆에 있는 자몽이도 저에게 늘 힘이 되는 존재 중의 하나예요. 아침에 일어나기 힘들어서 뭉그적거릴 때에도 자몽이가 옆에 있으면 저절로 미소를 짓게 되고요. 가족들이랑 놀러 가거나 비타민 친구들이랑 놀고 나면 스트레스가 풀려요. 가족과 친구들의 응원을 받으면 다시 힘이 나고, 그 기운을 다시 비타민 멤버들과 나누곤 해요.

반짝이는 무대가 전부인 줄 알았는데

〈학교 가는 길〉이라는 곡의 뮤직비디오에서 여주인공을 연기했어요. 이 곡은 학교 가는 길에 우연히 마주친 남자아이를 보면서 떨리고 설렌다는 내용의 가사예요. 경희대학교에서 촬영했는데 가을 하늘도 맑고 캠퍼스가 어찌나 예쁜지 그 장소에 서 있는 것만으로도 벌써 조금 설렜어요.

우연은 아닐 거야 꿈도 아닐 거야

정말 너 날 기다린 거 아냐

매일매일 똑같이 지나는 이 길이

왜 이리 설레는 건데

어쩌다 아니잖아 혹시 아니잖아

이미 넌 다 알았던 거잖아

하루하루 바쁘게만 걷던 이 길이

오늘따라 왠지 떨리는 걸 어떡해

– 비타민 〈학교 가는 길〉 중에서

예전에 모델 활동을 하면서 몇 번 얼굴을 마주친 적이

있던 로건이라는 친구가 남자 주인공이었는데, 오랜만에 만나니 처음엔 어색하고 좀 부끄럽더라고요. 예전에 〈변했대〉 뮤직비디오에서 비타민 멤버 모두 각자 커플 연기를 한 적은 있지만, 이렇게 단독으로 주인공 역할을 맡은 건 이번이 처음이었어요. 뮤직비디오 촬영을 할 때는 따로 대본이 없고, 선생님들이 장면마다 그때그때 지도해 주시는 대로 연기를 해요. 대사는 없지만 화면 구도나 표정 같은 걸 신경 써야 해서, 거의 10시간 정도는 촬영했던 것 같아요.

노래와 연기 모두 어려운 점이 있지만, 연기는 특히 혼자 하는 게 아니라 다른 사람과 감정을 맞춰야 해서 더 어렵게 느껴질 때가 있어요. 예를 들어 상대방은 '이런' 상황에서 슬프다고 생각하는데, 저는 '저런' 상황이 슬프다고 생각하면 서로 감정이 잘 안 맞을 수 있잖아요. 같은 장면에서 상대 배우와 비슷한 감정으로 몰입하는 게 생각보다 어려웠어요. 연기를 통해 감정을 전달하려면 단순히 표정이나 대사만 맞추면 되는 게 아니라 내가 어떻게 느끼는지도 중요하고, 또 같이 연기하는 배우가 어떻게 느끼는지도 중요하다는 걸 알게 됐어요.

그래서 연기를 할 때는 무엇보다 대본 속의 장면이나 상황에 대해서 잘 이해하는 것이 중요하더라고요. 클레버에서 드라마 촬영을 할 때는 저희가 대본을 쓰는 단계부터 직접 참여하기도 해요. 그럴 때는 아예 머릿속으로 상황을 상상한 다음에 정리해서 연기를 하게 되니까 감정을 이입하기가 더 쉬운 편이에요. 선생님들이 주제를 던져 주시면 저희가 팀을 나눠서 대사를 짜기도 하고, 다 같이 짜기도 해서 단톡방에 올려요. 그래서 서로 의견을 제시하고, 더 좋은 쪽으로 정리한 다음에 만나서 연습을 하는 거예요. 아니면 제일 좋은 대본을 선택한 다음에 부족한 부분을 더 채워서 마무리하기도 하고요. 대본을 쓰는 게 좀 어렵긴 한데 그래도 재미있어요.

  예전에는 이렇게 짧은 영상 하나를 만드는 데 그렇게나 많은 시간과 노력이 필요하다는 걸 몰랐어요. 저희 노래 〈Vitamin Sea〉의 뮤직비디오도 영상을 보면 파랗게 펼쳐진 바다와 부드러운 모래사장이 마냥 시원해 보이기만 하는데, 실제로 촬영할 땐 모래사장에서 춤을 추니까 발이 푹푹 빠져서 엄청 힘들었어요. 신발에 모래가 계속 들어가니까 발도 무거워지고 몸이 마음처럼 안 움직이는 거예요.

그래서 자꾸 넘어질 뻔하고 휘청거리는 바람에 굉장히 오 랫동안 촬영했던 기억이 나요.

비타민 멤버가 되고 나서 알게 된 것은 모든 것이 제가 생각했던 것과는 너무 많이 다르다는 거예요. 멋진 노래를 부르고 뮤직비디오를 찍고, 다양한 연기나 예능 영상을 촬 영하는 것이 마냥 재미있기만 한 줄 알았는데 그게 다 그 냥 되는 게 아니더라고요. 좋은 무대를 만들려면 노력을 많이 해야 하고, 한 곡을 선보이기 위해서 한 달씩 힘든 연 습을 해야 하는 줄은 몰랐거든요. 연습을 하더라도 그냥 하다 보면 쉽게 될 줄 알았는데 생각보다 더 많이 연습을 해야 했어요. 그런데 생각해 보면 그렇게 많은 준비와 연 습을 거친 뒤에 나온 결과물이기 때문에 그만큼 더 뿌듯한 것 같아요. 한두 번 연습해서는 만족스러운 결과물이 만들 어지지 않거든요. 제가 느끼기에도 어설프기만 하고요. 스 스로 마음에 드는 영상이 만들어지게 하려면 그만큼 노력 해야 한다는 사실을 깨달았어요.

관심이 있거나 해보고 싶은 건 많은데, 막상 해보면 쉬 운 건 하나도 없다는 걸 느꼈어요. 요즘에도 신곡이 나오면 '잘해야 하는데 못하면 어떡하지?' 하는 생각이 들고, 춤 연습을 할 때도 새로운 안무를 배우면 걱정부터 앞서거든요. 비타민이 되는 것보다 비타민으로 계속 새로운 걸 배우고 꾸준히 활동하는 게 더 어려운 일이라는 걸 알게 되었어요. 대신 어렵더라도 차근차근 배우고 연습해 나가면 잘할 수 있게 될 거라고 생각해요. 단숨에 잘 해내는 것보다는 점점 실력이 늘어 가는 것을 느끼는 과정이 오히려 재미있어요. 그래서 여전히 어렵고 힘든 점들이 있긴 하지만, 그래도 한 단계씩 이뤄 가는 기쁨을 아니까 오랫동안 이 일을 할 수 있을 것 같아요.

❝ 비타민이 되는 것보다 비타민으로
계속 새로운 걸 배우고 활동하는 게
더 어려운 일이라는 걸 알게 되었어요.
대신 어렵더라도 차근차근 배우고
연습해 나가면 잘할 수 있게 될 거라고
생각해요. 단숨에 잘 해내는 것보다는
점점 실력이 늘어 가는 것을 느끼는
과정이 오히려 재미있어요. **❞**

실패는 연습이었다고 생각하자!

저는 좋아하는 게 엄청 많아요. 뷰티나 패션 쪽에도 관심이 많고 색종이 접기나 종이 상자 같은 걸 모아서 뭔가 손으로 만드는 것도 좋아하고요. 동물들도 다 좋아해서 뱀이나 페럿도 키워 보고 싶어요. 가족들이 반대할 것 같긴 하지만요. 그리고 특히 요리는 예전부터 좋아했고 베이킹에도 관심이 많아요. 대여섯 살 때부터 혼자 설거지를 하고 싶어했을 정도예요. 그래서 싱크대 앞에 의자를 가져다 놓고 고무장갑까지 끼고서 엄마한테 설거지하게 해달라고 졸랐거든요.

이제 혼자서 요리도 할 수 있는 나이가 되어서 자주 요리를 해보고 있어요. 처음에는 달걀프라이 정도만 하다가 라면 끓이기에도 도전하고, 달걀볶음밥, 스파게티 등등 여러 가지 요리를 해봤어요. 쿠키 같은 건 친구들이나 이모들한테 나눠 주면 다들 좋아하고 맛있다고 칭찬해 주시니까 기분이 좋아서 더 자주 만들고 싶어져요. 특히 아빠가 제가 만든 달걀말이를 좋아하셔서 종종 해드리기도 하고요! 달걀말이는 쉬워요. 작은 프라이팬에 달걀물을 조금

붓고 뒤집개나 젓가락으로 살살 말아서 뒤쪽으로 밀어 놓고 다시 달걀물을 부으면 돼요. 그렇게 하다가 익숙해져서 나중에는 김이나 치즈를 넣어서 만들어 보기도 했어요.

유튜브에서 도시락 만드는 영상을 보고 이것저것 따라해 본 건데, 달걀말이처럼 직접 해보면 의외로 쉽게 만들 수 있는 요리들이 있어요. 그렇지만 저도 처음에는 많이 실패했어요. 불 조절을 잘못하면 달걀이 금방 타버리기도 하고, 특히 베이킹을 할 때는 밀가루 양을 잘못 맞추거나 밀가루 반죽을 조금 덜 치대기만 해도 결과물이 완전히 달라지거든요. 실패하면 마음이 안 좋긴 한데, 왜 실패했는지 살펴보고 다음에 더 잘해야겠다고 생각해요. 다음에 다시 시도하지 않으면 그 요리는 계속 실패한 채로 남아 있는 거니까, 잘할 수 있을 때까지 다시 해보는 거죠.

비타민 활동을 할 때나 다른 일에 도전할 때도 비슷한 마음이 들어요. 저희 비타민을 좋아해 주는 또래 친구들 중에는 비타민처럼 가수의 꿈을 키우는 친구들도 있는데, 아마 오디션에 도전하기도 전에 저처럼 걱정하는 마음에 망설이는 친구들도 많을 거예요. 그런데 우선은 무조건 해보라고 말하고 싶어요. 해보면 될 수도 있거든요.

그리고 첫 번째 시도에서 실패하더라도 '난 안 되나 봐'라고 생각하기보다는, 그건 그냥 연습이었다고 생각하고 다음번을 위해 준비하면 돼요. 요리할 때도 여러 번 실수를 해봐야 제대로 된 음식을 만들 수 있게 되는 것처럼, 더 열심히 연습해서 다시 도전하면 좋은 결과를 얻을 수 있을 거라고 생각해요. 저도 걱정이 많은 편이지만 그래도 용기 내부딪쳐 봤을 때가 훨씬 더 좋았다는 걸 경험으로 알기 때문에 그런 생각을 하게 되었어요. 꿈을 이루고 싶다면 도전을 해봐야죠! 도전하지 않으면 아무것도 할 수 없잖아요.

저도 앞으로 비타민 활동을 하면서 계속 더 실력을 키우고 싶어요. 저를 지켜보고 계신 분들이 많으니까 가끔은 '실망시키면 어쩌지?' 하는 생각도 들고 조금 부담스러울 때도 있는데, 그래도 일단은 최대한 열심히 해봐야겠다고 다짐하곤 해요. 무엇보다 제가 지금 이 일을 정말 좋아하니까요. 제가 정말 좋아해서 롤모델로 생각하는 가수가 많이 있는데, 지금부터 열심히 해서 나중에는 저의 롤모델분들처럼 멋진 가수가 되고 싶어요. 아마 그분들 모두 지금의 자리에 오기까지 엄청나게 노력을 했겠죠? 그런 걸 봐도 정말 노력하면 안 되는 게 없나 봐요.

그래서 전 하고 싶은 일이 있으면 나중으로 미루지 말고 지금 바로 해보는 게 좋다고 말하고 싶어요. 처음부터 뭔가에 특별한 재능을 가지고 태어난 사람이면 몰라도, 그게 아니라면 무엇이든 일찍 시작할수록 좋다고 생각해요. 어릴 때부터 시작하면 어른이 되어서 시작하는 것보다 더 오랜 연습 기간이 주어지는 셈이잖아요. 그러면 아무래도 어른이 되었을 때 그만큼 더 실력이 향상될 가능성이 커지지 않을까요?

만약 내가 아직 뭘 좋아하는지 잘 모르겠다면, 조금이라도 관심 있는 일을 하다 보면 좋아하는 일을 찾을 수 있게 되지 않을까 싶어요. 뭐든지 하고 싶다는 생각이 드는 게 있으면 한번 직접 해보고, 만약 당장 시작하기 어려운 거라면 그 직업에 대한 영상이나 책을 찾아보는 것도 좋은 것 같아요. 그래서 내가 할 수 있는 일인지 곰곰이 생각해보고, 정말 관심이 생기면 그때부터 열심히 노력하면 돼요. 앗, 그렇다고 꼭 꿈이 하나일 필요는 없어요. 내가 정말 하고 싶은 일이어서 도전하긴 했는데 실제로 해보니 생각했던 것과 너무 다르거나 재미가 없을 수도 있잖아요. 그러면 또 다른 꿈을 찾아야죠. 우리에게 가능성은 항상 열려 있으니까 다른 일을 하면 된다고 생각해요. 세상에는 많은 직업이 있고, 어떤 직업을 선택할지는 어른이 되어서 결정해도 되는 거니까 지금 당장 내 꿈을 하나로 정하지는 않아도 괜찮다고 생각해요.

저도 꿈이 많아요. 가수도 계속 하고 싶고, 동물을 좋아해서 동물들이 아프면 치료해 주는 수의사가 되고 싶기도 해요. 제가 만든 음식을 다른 사람들이 좋아해 주는 게 행복해서 요리사가 되거나 디저트 카페를 경영하고 싶기도 하고요. 지금은 좋아하는 걸 계속해서 찾아 나가고, 또 그런 일들을 나름대로 조금씩 해보면서 행복을 느끼는 시간들이 좋아요. 하고 싶은 일이 뜻대로 잘 안 돼 실패하더라도 다시 시도해 볼 거예요. 달걀말이를 하다 망쳐서 다시 달걀물을 만드는 일부터 시작할 때처럼요. 지금 하는 일 말고 또 다른 좋아하는 일이 생긴다면 그건 또 어떤 매력이 있는지 도전해 보고요. 그래야 지금 나를 가장 행복하게 하는 일이 뭔지 알 수 있잖아요!

4. 나는 할 수 있어요!

마법의 주문을 외우는 씩씩한 막내 자신감 채민

눈 오는 계절에 발견한 꿈

하늘에서 하얀 눈이 퐁퐁 날리는 날에, 비타민 멤버들이 에버랜드에서 공연하고 있는 영상을 유튜브에서 우연히 보게 됐어요. 에버랜드는 우리 집에서 빠르면 15분이면 도착하거든요. 이렇게 가까운 곳에서 저런 공연을 했었다니! 아쉬운 마음을 잠시 접어 두고 영상을 보는데 다들 너무 예쁘고 춤도 잘 추는 거예요. 반짝거리는 배경에 흩날리는 눈발까지 어찌나 멋있어 보였는지 몰라요. 그걸 보니까 나도 비타민 언니들처럼 저렇게 해보고 싶다는 생각이 저절로 들었어요.

그만큼 잘하게 되려면 어떻게 해야 하는지는 잘 몰랐지만, 평소에 그냥 노래 틀어 놓고 춤을 따라 추는 건 좋아했거든요! 한동안은 집에서 혼자 트와이스 언니들 춤을 보면서 따라 추는 연습을 했어요. 동영상을 천천히 여러 번 돌려 보면서 혼자 안무를 외웠는데, 짧은 구간이라도 춤을 제대로 따라 출 수 있게 되면 그때마다 기분이 너무 좋은 거예요. 그냥 제 방에서 춤을 추는 건데도, 음악을 틀고 몸을 움직이는 동안에는 마치 트와이스 언니들처럼 반짝이는 무대에 서 있는 것 같았어요.

그렇게 따라 추는 걸 엄마, 아빠가 보시고는 클레버에 데려가 주셨어요. 그때는 아무 생각 없이 엄마, 아빠를 따라서 차에 탄 거라 어딜 가는지도 몰라서 '클레버? 아, 새로 생긴 카페 이름인가 보다. 지금 그 카페에 가고 있나 보다'라고 생각했는데 도착해서 보니 보컬 연습실도 있고 댄스 연습실도 있는 거예요. 이제부턴 혼자서 영상을 보고 따라 하는 게 아니라 차근차근 배울 수 있겠다는 생각에 너무 신났어요. 클레버에서 열심히 배우다 보면 언젠가 비타민처럼 될 수 있을 거라고 생각하니까 더 기대됐고요!

클레버에는 아역 배우로 활동을 시작하는 친구들이 많아서 저도 처음에는 연기부터 배우다가, 비타민 오디션이 있다고 하길래 바로 참가했죠. 오디션 소식을 들었을 때 '나도 해봐야지!'라는 생각이 제일 먼저 들었어요. '할 수 있을까?'보다는 '해야겠다!'라는 생각이 먼저 든 걸 보면 도전할 수 있다는 사실 자체에 마냥 기대되고 들떴던 것 같아요. 물론 막상 오디션 날이 되니까 긴장이 아주 안 되는 건 아니었지만, 그래도 저는 크게 걱정하는 편은 아니라서 설레는 마음이 더 컸어요. 평소 많이 연습했던 트와이스 언니들 춤으로 오디션을 봤는데, 진짜로 합격을 한 거예요!

그렇게 저도 비타민에 들어오게 되었어요. 비타민 멤버가 되고 나서 첫 영상이 올라갔을 때 얼마나 설레고 떨렸는지 몰라요. 그리고 무엇보다 너무 신기했어요. 제 목소리와 제 모습이 화면에 나오고 있다는 게 잘 믿어지지 않았어요. 비타민의 무대를 보면서 '나도 저렇게 해봐야지!'라고 생각만 했었는데 정말로 내가 그렇게 하고 있다니 말이에요. 제가 유튜브로 비타민 영상을 봤던 것처럼 많은 분들이 또 제가 나오는 영상을 보시고 '채민이 귀엽다', '채민이 잘한다'라며 칭찬해 주시니까 집에서 혼자 춤출 때랑은 비교할 수 없을 만큼 뿌듯하고 행복하더라고요.

비타민에서는 정기적으로 앨범을 내고 뮤직비디오 촬영을 하는 것 외에도 드라마나 브이로그 같은 여러 가지 영상을 찍고 있어요. 비타민 멤버가 되고 얼마 안 지났을 때 예능 콘텐츠 촬영을 하러 에버랜드에 갔던 게 기억이 나요. 제가 예전에 영상 속에서 봤던 바로 그 장소에 비타민이 되어 와 있다는 게 새삼 신기하더라고요. '내가 지금 꿈을 꾸는 건가?'라고 생각할 정도였어요. 놀이공원은 가족들이랑 놀러 와도 신나는 곳이지만 비타민이 되어서 가니까 마치 꿈속에서만 봤던 장소에 온 것처럼 더 많이 설렜어요.

무엇보다 기분 좋았던 건 그때는 연말에 하는 '클레버 어워즈' 공연도 없었던 때였는데, 에버랜드에서 촬영한다는 공지를 보시고 저희를 보러 세 분의 팬이 와주신 거예요. 처음에는 멀리서 저희가 촬영하는 걸 구경하다가 살며시 다가와서 인사를 해주셨는데, 오프라인에서 실제로 팬을 만난 건 그때가 처음이었어요! 진짜 팬이라고 말씀하셔서 저도 감사하다고 하면서 서로 반갑게 인사했어요. 저희를 보러 일부러 지방에서 와주셨다니 너무 신기하기도 하고 촬영하는 걸 봐주시는 것만으로도 기분이 좋아서, 마음 같아서는 팬분들이랑 같이 놀이기구도 타면서 놀고 싶은 기분이었어요. 팬들의 반응은 영상 조회 수나 댓글로만 보고 막연하게 느꼈는데, 저희를 사랑해 주시는 분들이 실제로 눈앞에 있으니까 갑자기 확 실감이 나더라고요. 정말 더 열심히 해야겠다는 생각도 들었고요. 그 이후로도 몇 번 촬영을 갔는데 점점 알아봐 주시는 분들이 많아져서 너무 감사했어요.

좋아하는 것도 많고 배우고 싶은 것도 이것저것 많았지만, 이렇게 구체적으로 내 모습을 그려 보고 혼자 연습도 해본 건 비타민을 꿈꾸면서가 처음이었어요. 그 꿈에 다가가서 계속해서 꿈을 이루려고 노력하고 있는 지금의 하루하루가 행복하게 느껴질 때가 많아요. 하고 싶은 걸 마음에 품고 할 수 있다고 믿으면 누구나 그 일을 이룰 수 있다고 생각해요. 제가 비타민이 되어 있는 것도 '하고 싶다! 해야지!'라는 마음이 시작이었잖아요. 적어도, 아예 꿈꾸지 않는 것보다는 원하는 것을 이룰 가능성이 훨씬 더 크고요! 왜냐하면 'You are special', 우리는 모두 특별하니까요.

비타민은 나의 활력소

비타민은 일정 기간 활동하다가 나가는 멤버들도 있고 새로 들어오는 멤버들도 있어서, 비타민 활동을 하면서 같은 꿈을 꾸는 언니, 오빠, 친구들을 많이 만났어요. 학교에서도 새 학년이 되어 반이 바뀌면 새로운 친구들을 만나게 되는 것처럼요. 저는 친화력이 좋은 편이라서 처음 만난 친구들이라도 거의 1분 안에 금방 친해져요. 친구 사귀는 건 하나도 어렵지 않아요. "안녕? 반가워. 나는 황채민이라고 해. 너는?" 이렇게 물어보면서 말 걸고 얘기하다 보면 어느새 친구가 되거든요. 그런데 특히 비타민 멤버들끼리는 아무래도 공통점이 많다 보니 새로운 친구들과도 더 금방 가까워지고, 할 얘기도 더 많더라고요.

제가 클레버에 들어온 게 일곱 살 때였는데, 그때는 키가 작아서 혼자서 의자에 잘 올라가지도 못했어요. 제 몸무게가 18kg 정도 됐었는데 언니들이 저를 딱 들어서 의자에 앉혀주고, 업어 주기도 하고 그랬어요. 집에서는 형제가 없어서 혼자인데 클레버에서 언니들이 생겨서 정말 좋았어요. 처음에는 어색해서 괜히 어른스러운 척도 했는데, 갈수록 친해져서 지금은 제가 애교를 엄청 많이 부리고 있어요. 그래서 언니들이 저를 많이 귀여워해 주고 예뻐해 줘요. 연습할 때 온종일 붙어 있는 건 물론이고, 평소에도 거의 친언니, 친동생처럼 지내요.

147

특히 언니들이랑은 취미도 많이 비슷해요. 비타민 언니들은 다들 꿈이 두 개씩은 있는데, 특히 나예 언니나 사랑이 언니는 베이킹이나 요리하는 것도 좋아해서 다 같이 모여서 음식을 만들기도 해요! 일명 '나사채(나예, 사랑, 채민)' 조합이라고 불러요. 특히 사랑이 언니는 안 해본 요리가 거의 없을 만큼 이것저것 다 잘해서 항상 저희한테 잘 가르쳐 줘요. 서로 집에 놀러 가면 버터랑 밀가루 등등 베이킹 재료들을 잔뜩 쌓아 놓고 만들기도 하고요. 한번은 언니들이랑 영상 통화를 하면서 머랭쿠키랑 탕후루를 만들었어요.

"언니! 이 정도 거품 나면 설탕 넣는 거지?"
"응!"

"이제 여기서 레몬즙 넣어?"
"조금 더 섞어야 돼!"

이번에도 요리 고수 사랑이 언니한테 배우면서 만들었는데, 생각보다 되게 쉬웠어요! 머랭 쿠키는 달걀흰자를 열심히 저어서 거품처럼 만든 다음에 구우면 되고, 탕후루는 물엿이랑 설탕을 넣고 팔팔 끓여 시럽을 만들어서 과일

꼬치에 묻히기만 하면 되거든요.

그런데 쉬운 요리를 할 때도 예상치 못한 사고가 날 때가 있어요. 한번은 설탕을 넣어야 하는데 뚜껑이 안 열리는 거예요. 그래서 힘을 잔뜩 줘서 '팡!' 하고 열었는데 설탕이 다 쏟아져 버렸지 뭐예요. 그 후로 엄마가 머랭 쿠키랑 탕후루 만들기를 금지하셔서 못 만들고 있어요. 하지만 엄마가 빵을 구우시거나 달걀프라이 같은 걸 하실 땐 항상 옆에서 도와드리고, 저번에는 엄마랑 같이 강된장도 끓여 봤어요. 나중에는 언니들처럼 요리도 잘하게 되면 좋겠어요. 그럼 '채민이랑 요리하기'를 주제로 영상도 찍어서 올려 볼 거예요.

비타민에서는 뮤직비디오나 드라마 외에 일상 촬영도 많이 하는데 저는 그때가 제일 재밌어요. 한번은 평소처럼 자고 일어났는데 눈앞에 나예 언니가 '두둥' 하고 있는 거예요. '으응? 분명 우리 집인데?' 하고 깜짝 놀랐는데 알고 보니까 일상 브이로그를 찍으려고 새벽 6시에 예고도 없이 기습 방문한 거였어요. 그때 전 이불 속에서 자고 있었는데, 그 모습이 애벌레 같다고 해서 '꼬물이'라는 별명이 생기기

149

도 했어요. 이런 일상 촬영은 찍으면서도 재미있고, 또 영상이 올라간 다음에 조회 수가 많으면 사람들이 제 일상을 그만큼 관심 있게 봐주시는 것 같아 괜히 뿌듯하기도 해요.

비타민 언니들이랑 함께 있으면 다들 천방지축 활기찬 편이라 웃을 일이 엄청 많아요. 지난번엔 걸어가다가 앞에 있는 유리창을 못 보고 머리를 쾅 박은 적이 있어요. 그런데 뒤에서 오던 언니들이 속도를 못 줄이는 바람에 도레미파솔라시도 음계처럼 조르르 다섯 명이 다 넘어져 버린 거 있죠. 아픈 것보다 너무 웃겨서 까르르 웃음부터 터지더라고요.

저에게 비타민은 무대 위에서뿐만 아니라 일상 속에서도 힘이 되는 활력소예요. 비타민 활동을 하면서 멤버들과 같이 지낼 수 있는 시간이 많다는 게 너무 좋아요. 온종일 같이 있었는데도 할 말이 남아서 집에 가는 동안에도 차에서 또 통화를 해요. 같이 수다 떨고 같이 웃고, 가끔 시무룩할 때는 서로 위로도 해주죠. 비타민 덕분에, 어쩌면 각자가 꿈꾸는 모습은 다를지 몰라도 그 꿈을 향해서 함께 날갯짓하는 가장 좋은 친구가 생겼어요.

응원 소리를 들으면 힘이 솟아요

제가 처음으로 사람들 앞에서 공연이라는 걸 해본 건 여섯 살 때 학예회에서였어요. 아마도 유치원에서 배운 발레를 공연했던 것 같아요. 그때 무대에 딱 섰더니 앞에 친구들이 앉아 있고 저쪽에서 선생님들이랑 가족들도 저를 바라보고 있는 게 보이는 거예요. 태어나서 처음으로 사람들 앞에서 뭔가 준비한 걸 보여 준다는 것 자체가 엄청 설레고 재미있었던 기억이 나요.

비타민 활동을 하면서도 관객들을 직접 만나는 자리에 설 때가 가장 떨리면서도 에너지가 샘솟는 순간이에요. 매년 연말에 '클레버 어워즈'라고 해서 선생님들이랑 레드카펫도 걷고 공연도 하는데요. 이때처럼 몇백 명의 관객이 지켜보는 큰 무대에 서게 되면 심장이 정말 두근거려요. 특히 팬들이 정말 많이 와서 응원구호도 외쳐 주시는데요, 그 소리를 들으면 긴장이 풀리면서 저도 막 신이 나기 시작해요. 한번은 제가 감기에 걸렸는데, 무대에서 뜨거운 조명을 받으니까 열이 조금씩 나더라고요. 제가 뒤돌아서 기침하니까 어떤 팬분이 "이거 드세요" 하고 시원한 음료

수를 주셔서, 바로 그 자리에서 마셨던 적도 있어요. 그런 관심이나 애정을 받으면 몸 어디엔가 숨어 있던 에너지가 다시 퐁퐁 솟아나는 기분이 들어요.

사실 공연할 땐 정말 시간이 빨리 가요. 사람들로 온통 북적북적해서 정신이 없기도 하고요. 예전에는 비타민 활동을 하면서 원래 하던 커버 댄스팀 활동도 같이 했었거든요. 그런데 두 팀이 같이 무대에 오르는 날이면 무대 뒤는 거의 전쟁터가 됐어요. 댄스팀 무대에 올라갔다가 잠깐 MC가 멘트를 하는 동안에 빨리 옷을 갈아입고 비타민 무대를 준비해야 하거든요. 화장실이 부족해서 다른 팀이 저희 방에 들어오기도 하고, 사방에서 옷 갈아입느라 바빠요. 누가 누군지 여긴 어딘지 혼이 쏙 빠져나가는 것 같아요. 무대 뒤에서는 그렇게 정신없이 준비하지만 무대에 올라가기 직전에는 다시 한번 숨을 고르고, '파이팅, 채민아! 잘할 수 있어!'라고 속으로 외치면서 마음을 가다듬어요. 이때쯤에는 이미 관객들의 소리가 들리니까 얼른 무대에 올라가고 싶어서 발을 동동거리게 돼요.

그리고 무엇보다 저 혼자가 아니라 언니들이랑 같이 하

는 무대라서 서로 의지할 수 있다는 점이 큰 힘이 돼요. 언니들과의 믿음이 있으니까 걱정되거나 무섭지 않고 마음이 좀 차분해지거든요. 지금까지 쭉 함께 호흡을 맞춰 왔기 때문인가 봐요. 비타민 모두가 서로의 팔다리가 되어 주는 느낌이랄까요? 서로 도와주고 뒷받침해 주고, 끌어주고 밀어 주며 그렇게 하나의 무대를 만들어 갈 수 있어서 든든해요.

언젠가 클레버 어워즈 때 무대에서 대형 사고가 날 뻔했어요. 〈네 꿈 내 꿈〉을 공연하고 있었는데 사랑 언니 구두에 걸려서 제 구두 굽이 미끄러진 거예요. 그때 바닥이 너무 미끄러웠던데다가, 제가 키가 작으니까 굽도 제 것만 유난히 높았거든요. 그래서 뒤로 쫘당 넘어질 뻔했는데 다행히 사랑 언니가 뒤에서 순발력 있게 딱 잡아 줬어요. 순간 언니 눈이 토끼 눈이 되었더라고요. 저쪽에 있던 나예 언니도 눈이 이만큼 커진 게 보이고요. 그래도 사랑 언니가 받쳐 준 덕분에 자연스럽게 공연을 이어 갔죠. 나중에 들었는데 선생님들도 심장이 쿵 내려앉을 만큼 깜짝 놀랐다고 하셨어요. 태연한 척 동작을 이어 가면서 3초 정도 마음을 정리하고, 다시 재빨리 무대에 집중했어요.

그날 그 무대는 딱 한 번뿐인 거잖아요. 그래서 각자 잘 하는 것도 중요하지만, 서로서로 호흡을 맞추는 것도 중요해요. 자기 자신을 믿고, 또 함께 무대에 서는 멤버들도 믿어야 해요! 다이아 페스티벌에 갔을 때는 그날따라 저희가 자꾸 실수를 하는 거예요. 무대가 평소보다 좁은 편이라 연습할 때랑 달라서 자꾸 부딪치고, 발도 밟고, 동선도 꼬였어요. 그런데 그때 센터에 있던 제가 언니들한테 눈빛을 딱 보냈죠. 대각선으로 서는 대형이었는데 너무 좁아서 서로 부딪칠 것 같았거든요. 그럴 때 나에 언니한테 조금만 간격을 넓히자고 눈빛을 살짝 보내면 언니가 알아채고 딱 맞춰 줘요. 촬영할 때도 비슷해요. 서로 눈빛만으로도 무엇을 해야 하는 타이밍인지 알거든요. 미리 대사를 맞추고 약속할 때도 있지만 그렇지 않을 때도 눈빛을 신호로 해서 바로 대사를 맞춰 줄 때가 많아요. 특히 나에 언니랑은 '맏막즈'라고 해서 큰언니랑 막내 사이인데도 마음이 잘 맞고 친해요.

함께 연습한 시간이 있고, 서로 믿음이 있으니까 함께 좋은 무대를 만들 수 있는 것 같아요. 아! 그런데 저에게는 제일 떨렸던 공연이 하나 있었어요. 저희 학교에서 신곡을 공개한 적이 있거든요. 오래 준비한 신곡을 처음으로 학교에서 공개한다고 생각하니까 얼마나 긴장이 되는지, 눈에 눈물이 가득 고여서 뚝 떨어지기 직전이었어요. 관객석에 얼굴을 아는 친구들이 우르르 앉아 있고, 선생님들도 서서 지켜보고 계시니까 어떻게 해야 할지 모르겠는 거예요. 다행히 무대를 잘 끝내고 난 뒤 "고마워, 언니들!" 하면서 비타민 언니들을 껴안았는데 정말 왈칵 눈물을 쏟을 뻔했어요. 울면 괜히 민망할 것 같아서 꾹 참았지만요.

주변 친구들은 영상이 올라오면 꾸준히 챙겨 봐주고, "수고했어, 채민아. 이번 노래 좋더라" 하고 응원해 주기도 해서 항상 고마워요. 매일 연습실에 가고 바쁘다 보니 친구들이랑 자주 놀지 못하는 게 정말 아쉽긴 하지만, 가까운 가족이나 친구들이 비타민 황채민을 응원해 주고 있다는 걸 아니까 그럴 때마다 다시 기운이 나요. 그리고 나중에 엄마, 아빠, 할머니, 할아버지랑 아주 먼 데로 여행도 가고 바닷가에도 가서 놀고 싶어요. 그런 생각을 하면서 힘들어도 다시 힘을 낸답니다!

“ 그리고 무엇보다 저 혼자가 아니라
언니들이랑 같이 하는 무대라서 서로
의지할 수 있다는 점이 큰 힘이 돼요.
언니들과의 믿음이 있으니까 걱정되거나
무섭지 않고 마음이 좀 차분해지거든요.
지금까지 쭉 함께 호흡을 맞춰 왔기
때문인가 봐요. 비타민 모두가 서로의
팔다리가 되어 주는 느낌이랄까요? ”

마법의 주문으로 해낼 수 있어요

최근에 블랙핑크 언니들의 〈How you like that〉 커버 댄스 영상을 찍었어요. 안무 중에 바닥에 앉아서 도는 동작처럼 무릎을 쓰는 동작들이 많았는데 연습이 끝나고 나면 무릎이 너무 아픈 거예요. 다음날 일어나니 무릎에 멍이 어찌나 많이 들어 있는지! 제가 안 그래도 멍이 잘 드는 편이거든요. 그래도 그렇게 힘들게 촬영한 만큼 영상이 예쁘게 나와서 기분이 좋았어요. 사실 촬영이 끝나면 그 곡의 연습도 끝나는 거긴 한데, 그래도 혹시 나중에 또 다른 공연이나 영상을 위해 필요할 수도 있잖아요. 그래서 한동안은 휴대폰에서 연습 영상을 지우지 않고 가끔 보면서 잊지 않도록 연습하기도 해요.

연습하다가 어려운 건 선생님들한테 몇 번씩 계속 여쭤 보면서 다시 해보고, 또 헷갈릴 때는 비타민 언니들 찬스를 쓰기도 해요. 언니들한테 물어보면 다들 저를 둘러싸고 한마디씩 하면서 가르쳐 주거든요. 그래도 안 되면 쉬는 날 집에서 계속 연습할 수밖에 없어요. 집에서 연습할 때는 무조건 반복 또 반복이에요. 노래를 틀어 놓고 영상을 찍으면서 춤추고, 영상을 확인한 뒤에 틀린 부분만 다시 또 영상을 찍어요. 자꾸 틀리는 부분이 있으면 영상을 촬영하지 않는 상태에서 다시 연습을 쭉 하면서 어느 정도 됐다 싶을 때 또 영상을 찍고요. 1절을 완벽하게 익히면 2절로 넘어가고, 2절에서 틀리는 부분이 있으면 다시 그 부분만 집중적으로 연습하는 식이에요. 그렇게 왔다 갔다 영상을 찍고 확인하면서 연습하는데, 많이 할 때는 15번 넘게도 하는 것 같아요.

그런데 이렇게 처음부터 끝까지 다섯 번쯤 췄다 싶으면 몸이 너무 힘들어요. 그럼 물 한 잔 마시고 침대에 5분 정도 앉아 있어요. 그렇게 잠깐 쉬면서 체력을 충전하고 나면 다시 움직일 수 있어요! 사실 저는 평소에도 체력이 좋은 편이거든요. 계속 반복해서 춤을 추는 게 연습이기도 하지만 또 어떻게 보면 일종의 운동이라고 생각하고 힘들어도 열심히 하고 있어요!

그런데 아무리 여러 번 반복해도 유난히 잘 안 되는 동작이 있어요. 몇 번을 해도 자꾸 틀리고, 다시 해도 또 틀리면 답답해서 한숨이 푹 나오기도 하지요. 하지만 '어? 이거 안 되네. 포기해야지'라고 생각하고 멈추면 무대에 설 수가 없잖아요. 저에게는 그럴 때 꺼내서 외우는 마법의 주문이 있어요!

'채민아, 너는 할 수 있어! 노력하면 꼭 될 거야!'

이렇게 혼자서 힘차게 주문을 외우고 다시 한번 해보면 신기하게도 안 되던 게 될 때가 많아요! 이 주문을 어떻게 알았냐고요? 사실 제가 생각해 내 건 아니지만 효과는 만점이에요. 예전에 나예 언니가 촬영에 들어가기 전에 "김나예, 넌 할 수 있어!"라고 혼자 주문을 외우는 걸 봤어요. '언니가 뭐 하는 거지?' 그때는 고개를 갸웃했는데 그렇게 하고 촬영하니까 정말 안 틀리더라고요. 이 방법은 언니들만이 아니라 또 엄마에게 배운 것이기도 해요. 엄마가 항상 "채민아, 노력하면 할 수 있어. 거봐, 잘하잖아!"라고 말씀해 주시거든요. 그 말을 들으면 신기하게 잘 안 되던 것도 잘할 수 있게 되고, 갑자기 숨겨져 있던 능력도 솟아나는 것 같아요.

그런데 노래와 춤 연습에 익숙해진 뒤에도 한동안은 녹

음실에 가는 게 익숙해지지 않았어요. 녹음실만 가면 모든 것이 낯설고 어쩔 줄 모르겠는 거예요. 일단 녹음실 자체가 매일 가는 곳이 아니니까요. 그래서 처음엔 녹음실에 가면 가사가 적힌 종이만 뚫어지게 쳐다보고 있었어요. 대기하고 있다가 녹음하러 들어가면 또 그 녹음하는 공간이 엄청나게 크니까 왠지 기가 죽어요. 그래도 다행인 건 선생님들이 어떻게 하면 밖에서 하는 얘기가 들리는지, 어떻게 노랫소리 크기를 조절하는지 같은 것을 하나하나 잘 알려 주셨어요. 그래서 이젠 녹음하면서 춤도 추고, 클레버 브이로그 촬영 카메라 앞에서도 여유 있게 웃을 수 있게 됐지요!

이제 녹음실에 들어가면 제일 먼저 마이크 키부터 낮춰요. 아직도 순서를 기다릴 땐 조금 떨리긴 하지만 이젠 녹음실 부스 밖에서 긴장을 다 풀고 들어오니까 비교적 편하게 노래를 부를 수 있게 되었어요. 녹음할 때 목이 잠기면 안 되니까 '아아아아' 발성 연습을 해서 목을 먼저 풀고, 목에 좋은 프로폴리스 칙칙이도 뿌려요. 그러면서도 속으로는 '채민아, 넌 할 수 있어!'라고 말하면서 집중하려고 노력해요. 스스로 할 수 있다고 말해 주면서 자신을 믿을 때 제 실력을 가장 잘 발휘할 수 있는 것 같아요!

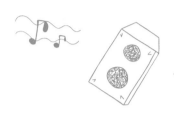

66그런데 아무리 여러 번 반복해도
유난히 잘 안 되는 동작이 있어요.
몇 번을 해도 자꾸 틀리고, 다시 해도
또 틀리면 답답해서 한숨이 푹 나오기도
하지요. 하지만 '어? 이거 안 되네.
포기해야지'라고 생각하고 멈추면 무대에
설 수가 없잖아요. 저에게는 그럴 때
꺼내서 외우는 마법의 주문이 있어요!
'채민아, 너는 할 수 있어!
노력하면 꼭 될 거야!' 99

알람 없이도 번쩍 눈이 떠지는 날

'내일은 촬영하는 날이니까 빨리 자야 하는데….'

뮤직비디오 촬영 전날에는 연습이 일찍 끝나요. 집에 오자마자 옷을 갈아입고 씻은 다음에 바로 침대에 누워요. 하지만 이쪽으로 뒤척, 저쪽으로 뒤척. 내일 좋은 컨디션을 유지하려면 일찍 자야 하는데 자려고 애쓸수록 잠이 안 오니 이상한 일이죠? 그래도 자려고 노력하면서, 이쪽으로 누웠다 저쪽으로 누웠다 하다 보면 어느새 스르르 잠이 들어요.

평소보다 일찍 자야 하는 건, 보통 클레버 촬영이 있는 날은 다른 날보다 훨씬 일찍 일어나야 하기 때문이에요! 뮤직비디오 촬영이 있을 땐 평소에 출발하는 시간보다 더 일찍 나갈 때도 있어요. 그런데 신기하게도 그런 날은 알람이 울리지 않는데도 눈이 번쩍 떠지곤 해서 엄마가 깨워 주시지 않아도 혼자 일어나게 돼요. 학교 갈 때도 좀 그렇게 잘 일어날 수 있으면 얼마나 좋을까요? 촬영 갈 때는 전날부터 설레는 마음 때문에 아침에 저절로 눈이 떠지나 봐요.

뮤직비디오 촬영은 진짜 오래 걸려요. 어떨 때는 하루를 꼬박 찍어도 시간이 모자라기도 해요. 그래서 가끔은 녹음이나 촬영을 하다가 스르르 잠들 때도 있는데, 그래도 최대한 컨디션을 유지하면서 버티려고 해요! 그날은 우리 비타민 멤버들뿐만 아니라 선생님들이나 스태프분들까지 엄청 많은 분들이 다 모여서 커다란 장비를 들고 다 같이 고생하시거든요. 좋은 결과물을 위해서 이렇게 많은 사람들이 노력해야 한다는 것도 비타민 멤버가 되고 나서 처음 알게 된 사실이에요.

〈이젠 알았어〉라는 곡의 뮤직비디오를 촬영할 때는 안무도 잘 맞고 모든 게 착착 진행되었는데도 끝나니 꽤 늦은 시간이었어요. 빨리 촬영을 마무리해야 하는 상황이었는데, 춤을 추다가 그만 제 신발이 벗겨진 거예요. 그래서 처음에는 당황했지만, 촬영이 끊어지지 않도록 아무렇지 않은 척 웃으며 재빨리 신발을 다시 신었어요. 여러 번 촬영하다 보니까 나름대로 카메라 앞에서 NG 내지 않으면서 태연하게 연기하는 요령이 생긴 것 같더라고요! 이런 걸 '임기응변'이라고 하죠?

또, '레고 프렌즈'를 촬영할 때는 녹음은 물론이고, 뮤직비디오의 마지막 개인 촬영을 마칠 때까지 정말 많은 시간이 걸렸어요. 아마도 가장 오랜 시간이 걸린 촬영이었던 것 같아요. 시간이 늦어지면 졸리고 힘들긴 한데, 그동안 연습했던 게 예쁘게 영상에 담길 거라고 생각하면 어떻게든 버티게 돼요. 팬들에게 좋은 모습을 보여 드려야겠다는 생각을 하면서 촬영을 해요! 그리고 그때는 고생한 만큼 더 보람 있었던 게, 할머니랑 할아버지가 그 영상을 되게 좋아하셨거든요. 마트에서 레고 프렌즈 코너를 지나가면 저희 영상이 나오고, 만화에도 저희가 녹음한 게 들어가고 그랬거든요. 지나가다가 누가 알아보고 "사진 찍어 주세요!" 하면 할머니, 할아버지가 더 기뻐하셨어요. 그리고 개인적으로 레고 프렌즈의 〈Here we are〉는 특히 녹음하면서 마음에 들었던 노래이기도 해요. 꿈을 응원하는 희망에 찬 가사거든요.

널 믿어 봐 가끔 흔들려도 괜찮아

때론 넘어져도

한 번 더 일어나

크게 소리쳐 You can do it!

반짝이는 꿈을 향해

하늘 위로 높이 날아오를 너야

그 누구도 우릴 막을 수는 없는걸

할 수 있어!

– 비타민 〈Here we are〉 중에서

뮤직비디오가 새로 나올 때는 보통 클레버 유튜브 채널에서 생방송으로 공개하는데, 시청자분들이 기다리면서 채팅을 하세요. 그러면 저희들은 어떤 얘기들을 하시는지 궁금해서 채팅창을 확인하느라 눈이 정신없이 움직여요. 카운트다운을 하면서 공개되길 기다릴 때가 제일 떨려요. 저희도 편집이 모두 끝난 뮤직비디오 완성본은 그때 처음 보는 거라서 예쁘게 나오면 너무 뿌듯해요. 그런데 생각보다 반응이 별로일 때는 '어? 열심히 찍었는데 왜 별로 안 좋아해 주시지? 내가 혹시 뭔가 실수했나?' 같은 걱정이 들기도 해요. 그래도 대부분은 댓글로 실력이 많이 늘었다고, 이번 뮤비 너무 예쁘다고 칭찬해 주시는 분들이 많아요!

제일 최근에 찍은 〈학교 가는 길〉 뮤직비디오도 촬영할 때부터 기대가 컸어요. 배경이랑 저희 비타민이 모두 예쁘게 찍힌 것 같아서 뮤직비디오가 얼른 공개되길 바랐어요. 다행히 공개된 후에 많이들 좋아해 주셔서 기뻤어요. 특히 엄마, 아빠가 칭찬해 주시면서 "우리 채민이 잘하네, 노래 많이 늘었네" 하시면 제일 힘이 많이 돼요. 아직은 많이 부족하지만, 연습도 많이 하고 더 노력해서 점점 발전하는 모습을 보여 드리고 싶어요. 앞으로 준비하는 신곡도 연습을 잘 마쳐서 더 나은 모습을 보여 드리는 게 저의 작은 목표예요!

이 순간은 내가 주인공!

저는 명절이 되면 궁궐에서 왕비나 공주가 입는 옷처럼 생긴 예쁜 한복을 입고 친척들을 만나러 가요. 친척 어른들도 제가 비타민으로 활동한다는 걸 아시니까, 오랜만에 저를 보시면 항상 춤 한번 춰보라고 하시면서 동그랗게 자리를 만들어 주세요. '으음, 한복 입고 춤추는 건 좀 불편한데…' 라고 생각하면서도 다들 보고 싶어 하시니까 보통 딱 1절만 보여 드려요! 그러면 다들 박수도 쳐주시고, 비타민 활동 열심히 하라고 하시며 용돈도 주시니까 저도 내심 뿌듯하고 기분도 좋아요.

저는 사람들 앞에서 노래하고 춤추고, 카메라 앞에 서는 게 정말 즐거워요. 제가 가장 재미있게 할 수 있는 일, 저에게 정말 잘 맞는 일이라고 생각해요. 처음에는 저도 영상 속의 제 모습이 마냥 신기하기만 했었는데, 이제 그게 익숙해지면서 그 모습이 낯설지 않고 저도 즐길 수 있게 된 것 같아요. 내가 잘하는 걸 사람들에게 보여 준다는 게 재미있고 신나거든요. 어릴 때부터 촬영에 익숙해져서 그런지 카메라가 앞에 있어도 솔직하고 편안한 모습이 자연스럽게 나오는 것 같아요. 덕분에 클레버TV 유튜브에는 제가 까부는 건 물론이고 우는 모습들도 많이 남아 있어요. 제가 제일 아끼는 소중한 게임기가 없어졌을 때도 한참을 찾다가 엄청 서럽게 '으앙~' 하고 울어 버렸던 영상이 있어요. 알고 보니 허쌤이 장난치려고 몰래 숨긴 거였지만요!

뮤직비디오를 촬영할 때는 춤이랑 노래만 하는 게 아니라 개인 파트 촬영 때 카메라 앞에서 혼자 립싱크를 하면서 다양한 표정도 짓고 포즈도 취해야 하는데, 선생님들이 저는 하나도 어색해하지 않는 게 천생 연예인 체질이라며 신기해하시기도 해요. 이렇게 표정을 중심으로 보여 주는 촬영을 할 때는 자신 있게 하는 게 중요해요. 틀리는 게 부끄러워서 움츠러들면 연습할 때처럼 잘하기가 더 힘들거든요. 뮤직비디오 촬영 전날에는 밥 먹고 씻고 자기 전에 포즈 연습을 해봐요. 거울을 보면서 내일 어떤 표정을 짓고 어떤 포즈로 촬영할지 생각하고, 다음날 일어나서도 포즈에 대해 더 생각하면서 촬영장에 가면 자연스럽게 포즈가 나와요. 여러 번 찍다 보니까 이제 익숙해져서 그런지 어색해하지 않고 다양한 포즈를 취할 수 있게 되었나 봐요. 그런 점에서 뮤직비디오 촬영을 하는 건 연기를 하는 것과도 비슷한 부분이 있어요. 콘셉트에 맞게 어울리는 이미지나 표정을 보여 주는 거니까요!

카메라 앞에 서면 긴장이 되기는 하는데, 저는 살짝 떨리는 그 느낌 자체를 좋아하기도 해요. 카메라 앞에서 집중해야 할 때의 그 긴장감을 오히려 즐기게 된 것 같아요. 예전에 드라마 〈도깨비〉에 잠깐 출연한 적이 있어요. 그땐 지금보다 더 어려서 그냥 '이렇게 하면 되는 건가?' 하고 긴장하면서 촬영했는데, 한편으로는 '내가 이 드라마에 나오다니!' 하고 설레는 마음도 컸어요. 특히 마지막에 태권도 학원 차에 올라타서 창문 밖으로 얼굴을 내미는 장면이 있었는데 TV로 제 얼굴이 빼꼼 나오는 걸 보니까 저도 막 신기하더라고요!

저는 연기하는 것도 좋아해서 지금도 드라마를 보면서 '나도 저 역할을 해보고 싶다'는 생각을 많이 해요. 최근에는 〈보건교사 안은영〉을 봤는데, 젤리 괴물을 처치하는 선생님을 보면서 저도 보건교사가 되고 싶다는 생각이 들었어요! 연기할 때는 비타민의 황채민이 아니라 또 다른 여러 가지 황채민의 모습이 나오는 거잖아요. 어떻게 보면 '황채민'이라는 사람은 한 명인이지만, 노래의 콘셉트나 드라마 장르에 따라서 다양한 모습이 되어 볼 수 있다는 게 재미있어요. 요즘에는 선생님들이 연기도 많이 늘었다며 칭찬을 해주셨어요!

클레버 웹 드라마는 주제가 무척 다양해요. 그래서 촬영을 할 때도 저희 각자가 여러 가지 역할을 맡을 기회가 많아요. 귀엽고 발랄한 캐릭터를 맡기도 하고, 희망찬 응원의 메시지를 전하기도 하고요. 드라마에서는 저의 재미있는 모습, 제가 경험한 적 없는 상황들도 연기를 통해서 보여 줄 수 있다는 게 좋아요. 클레버 드라마는 특히 저희 또래가 겪을 수 있는 일상이나 공감할 수 있는 유형별 상황을 많이 다루거든요. 미리 대사를 완전히 달달 외운 다음에 머릿속으로 이어질 내용을 생각하면서 표정을 짓고 대사를 말하는데요, 웹 드라마 촬영을 할 때 '이번엔 내가 주인공이야!' 이런 생각을 하면서 촬영하면 왠지 더 자신 있게 할 수 있게 돼요.

그리고 저는 혼자서 독백하는 것보다 누군가와 대사를 주고받는 게 더 재미있더라고요. 저희는 그걸 '이인극'이라고 불러요. 연기 수업을 할 때도 이인극을 하면서 연습할 때도 있고, 클레버 드라마를 촬영할 때도 그런 장면들이 있어요. 혼자서 독백을 할 때는 몰입하기 어려울 때가 있는데 대사를 주고받으면 그 장면에 깊이 빠져들 수 있고 더 재미있어요. 이렇게 연기를 배우면서 제가 보여 줄 수 있는 다양한 색깔들을 찾아 나가는 중이에요. 마냥 귀엽고 깜찍한 채민이가 아니라 연기를 통해 수많은 직업, 성격, 상황을 경험하면서 캐릭터를 잘 표현해 낼 수 있도록 말이에요.

저는 카메라 앞에 섰을 때만큼은 가장 자신 있고 빛나는 모습을 보여 주고 싶어요. 이 순간만큼은 내가 TV 속 스타가 된 것처럼, 또는 드라마나 영화의 주인공이 된 것

처럼 집중하고 제 안에서 가장 멋진 걸 꺼내어 보려고 해
요. 제가 연습하고 준비했던 결과물을 뽐내 보일 수 있는
아주 특별한 순간이잖아요.

> 카메라 앞에 서면 긴장이 되기는
> 하는데, 저는 살짝 떨리는 그 느낌
> 자체를 좋아하기도 해요. 카메라 앞에서
> 집중해야 할 때의 그 긴장감을 오히려
> 즐기게 된 것 같아요. **"**

우리 뭐 하고 놀까?

11살이면 아직도 어리고 천방지축인 나이지만 이제 동생들을 챙겨 줄 수도 있는 나이가 된 것 같아요. 저는 외동이라 동생은 없지만 이웃집 이모가 외출하시면 이모네 동생두 명을 돌봐 주거든요. 동생들을 챙겨 주고 함께 놀아 주는 게 힘들긴 한데 아기들이 너무 귀여워서 저도 동생이 있었으면 좋겠다고 생각할 때가 많아요. 가끔 공연이 끝나고팬들이랑 같이 사진을 찍는 시간을 갖는데요, 어린 팬들이옆에 찰싹 붙어 있을 때마다 정말 깨물어 주고 싶을 만큼얼마나 귀여운지 몰라요!

하지만 비타민에서는 제가 제일 동생이에요. 언니들 말로는 제가 언니들이 본 막내 중에서 제일 말 잘 듣는 막내래요. 이웃 동생들이랑 놀 때는 제가 다 챙겨 줘야 하잖아요. 동생들이 "언니가 해줘!", "언니가 알려 줘!" 이러니까요. 그러다 보니 언니들 마음도 조금은 이해가 돼요. 그래서 제가 동생 입장일 때는 언니들 말을 잘 따르려고 해요.놀 때는 장난을 진짜 많이 치는데, 언니들이 "애들아, ○○하자!" 하면 바로 "그래!" 하고 따르는 편이에요.

같이 놀 때도 제가 제일 어리다 보니까 언니들이랑 하고 싶은 놀이가 다를 때도 많거든요. 그래서 만약 저희 집에서 파자마 파티를 한다고 하면, 제가 먼저 "언니들, 뭐하고 놀고 싶어?"라고 물어봐요. 언니들이 좋아하는 보드게임을 하고 나면 또 언니들이 제가 하고 싶은 놀이를 같이 해주고, 그렇게 서로 하고 싶은 것을 번갈아 가면서 할 때가 많아요! "언니들, 역할놀이 하는 거 괜찮아? 보드게임 하고 싶으면 그거 해도 돼!"라고 하면, 언니들도 "아니야, 괜찮아. 이번엔 채민이가 하고 싶은 거 하자" 이렇게 말해 줘요.

연습하다가 쉬는 시간에 뭐 하고 놀지 정할 때도 마찬가지고요. 혹시 서로 생각이 다를 수도 있고 나는 좋은데 다른 사람은 싫어하는 놀이가 있을 수도 있으니까, 언니들 생각을 계속 물어보게 되더라고요. 저는 제가 하고 싶은 걸 양보하더라도 이왕이면 모두 다 즐겁게 할 수 있는 놀이면 좋겠거든요. 언니들이랑 있을 때뿐 아니라 또래 친구들한테도 초콜릿 같은 게 있으면 "이거 너 하나 더 먹어!" 하고 양보할 때가 많은 편이에요. 제 욕심대로 하는 것보다, 다른 사람이 원하는 걸 물어보고 제가 맞춰 줄 때가 더 좋아요. 물론 그렇게 하면 상대방이 좋아하기도 하고요.

연습하다가 의견이 안 맞을 때도 다 같이 조율하면서 상의를 많이 해요. 비타민 단체 안무에서는 한 명이라도 동작이 다르면 안 되잖아요. 누가 틀리면 바로 눈에 띄거든요. 그래서 "몸 방향은 이렇게 하고, 손 방향을 이렇게 하자" 이런 식으로 계속 확인을 하는데요, 제가 신경 써서 맞출 수 있는 거면 "언니, 이건 내가 맞출게. 여기서는 언니가 이렇게 맞춰 줬으면 좋겠어!" 이렇게 말해요. 언니들이 항상 저를 잘 챙겨 주니까, 저도 언니들에게 연습할 때 호흡이 잘 맞는 동생이 됐으면 좋겠어요.

물론 그러다가도 잘 모르거나 어려운 게 있으면 금방 애교 부리는 막내가 되어서 언니들을 졸졸 따라다니며 귀찮게 하긴 하지만요.

"언니들, 나 이거 알려 주면 안 돼?"

그러면 바로 언니들이 제 주변으로 조르르 모여서 이렇게 저렇게 하라고 알려 줘요. 음… 저는 원래 예전부터 귀여운 동생을 갖고 싶긴 했는데, 언니들의 사랑을 듬뿍 받는 막내인 것도 사실은 엄청 행복해요.

나는 뭘 제일 좋아하지?

우린 아직 어리니까 꿈을 정하지 못한 친구들도 많을 거예요. 제 생각에는 뭔가를 배우거나 해볼 때 '내가 이걸 하는 게 즐거운가? 아니면 별로 안 즐거운데 억지로 하는 건가?'라고 곰곰이 생각해 보는 게 좋을 것 같아요. 그러면 내가 좋아하는 일이 뭔지 알 수 있거든요. 좋아하는 일은 오래 해도 힘들지 않고 오히려 즐거워요.

"나는 이게 행복하고 너무 즐거워."

종종 친구들이랑 꿈에 대해 얘기하다 보면 저도 모르게 이런 말을 할 때가 있어요. 친구들도 각자 자기가 좋아하는 취미나 공부에 대해서 뭐가 제일 행복한지 이야기를 나눠요.

"나는 뭐든지 만능으로 잘하는 아이돌이 되고 싶어!"
"난 디자이너가 꿈이야. 손으로 만드는 게 좋아!"

디자이너를 꿈꾸는 제 친한 친구는 직접 바느질을 해서

인형 옷을 만들기도 하고, 우정 팔찌를 만들어서 나눠 주기도 해요. 서로 가장 좋아하고 재미있는 일을 찾으면서 미래를 꿈꾸고 있답니다.

저는 아이돌이 꿈이지만 다방면으로 뭐든 잘하는 아이돌이 되고 싶어서 지금도 승마, 수영, 영어, 드럼 등 여러 가지를 배우고 있어요. 특히 승마는 작은 조랑말이 아니라 진짜 큰 말도 타봤어요! 드라마 〈호텔 델루나〉에서 아이유 언니가 탔던 말이 저희 승마 학원에 있거든요. 실제로 보면 어마어마하게 커서 사실 올라타기도 힘들어요. 선생님이 말 뒤로 다니면 말이 파리를 쫓다가 실수로 찰 수도 있으니까 조심해야 한다고 하셔서 살짝 겁이 나기도 했고요. 그리고 얼마 전에 폴라로이드 카메라를 선물 받아서 요즘에는 사진 찍는 것도 취미예요. 인화된 사진의 색감이랑 느낌이 너무 좋아서 하늘, 구름, 꽃 등등 여러 가지를 다 찍고 있어요.

새로운 걸 배울 때마다 또 다른 재미있는 세상을 알아가는 게 좋아요. 사실 처음에 비타민을 시작할 땐 너무 어려서 그랬는지 그냥 수업하다가 유쌤 얼굴만 보고도 이유

없이 울기도 했거든요. 요즘도 가끔 선생님들이 그때 일로 놀리시기도 해요. 지금 생각하면 왜 그랬는지 모르겠어요. 그땐 무서운 것도 많고 겁이 정말 많았나 봐요. 그런데 이제는 웬만한 건 다 씩씩하게 잘해요. 비타민에서 제가 제일 막내지만 제가 제일 겁이 없어요! 무서운 놀이기구도 잘 타고, 벌레도 안 무서워해요. 언니들이 연습하다가 벌레를 보고 무섭다고 도망치면 제가 다 잡아 주곤 해요.

저는 뭘 하다가 다쳐도 그렇게 심각하게 생각하지 않는 편이에요. 피구 하다가 발목을 심하게 삐끗해서 한동안 붕대를 감은 채로 지냈던 적도 있고, 보드 타다가 엉덩방아를 찧어서 꼬리뼈를 다친 적도 있는데 그냥 '다쳤구나' 하고 해맑게 넘겨 버려요. 대신 롱보드를 타다가 아스팔트 바닥에서 넘어지면 너무 아프다는 걸 깨달아서 이제 웬만하면 나무 데크 위에서만 타요. 그럼 좀 덜 아프거든요. 잘 안 될 때가 있다고 해서 아에 그만둬 버리면 재미있는 일을 너무 많이 놓치게 되니까 아쉽잖아요.

무엇이든 해보기 전에는 아직 내가 뭘 할 수 있고 뭘 할 수 없을지 모르잖아요. 그래서 처음 해보는 도전은 떨리는 만큼 설레는 일이에요. 어쩌면 그동안 몰랐던 새로운 세계가 열릴 수도 있으니까요. 물론 한 번에 성공하지 못할 수도 있지만, 그러면 다음 기회가 왔을 때 다시 시도하면 되죠. 그렇게 하다 보면 결국 원하는 걸 이루는 순간이 오지 않을까요?

비타민을 좋아해 주는 또래 친구들 중에는 저희랑 비슷한 꿈을 꾸는 친구들도 많은 것 같아요. 그래서 저희처럼 오디션에 도전하기도 하고요! 그런데 한 번 떨어졌다고 해서 '떨어졌네, 포기해야 하는 건가?' 그렇게 생각하지 말고 다음에 또 오디션이 있을 때 다시 도전했으면 좋겠어요. 오디션 보는 건 하나도 무섭지 않아요! 믿고 노력하면 꼭 이룰 수 있으니까 꿈을 포기하지 말라는 이야기를 전해 주고 싶어요. 열심히 준비한다면 분명히 내가 꿈꿨던 미래를 만날 수 있을 테니까요!

저도 앞으로도 많은 것에 도전하고 여러 가지를 배워서 뭐든지 다 잘하는 만능 아이돌이 되고 싶다는 꿈을 가지고 있어요. 비타민 활동을 하면서 더 발전된 모습을 보여 드리고, 춤, 연기, 노래 뭐든지 잘하는 멋진 아이돌이 되어서 팬분들께 많은 기쁨을 드리고 싶어요. 저희 비타민 노래 중에 '나는 할 수 있어요, 잘 해낼 수 있어요, 나를 믿어 주세요'라는 가사가 나오는 곡이 있어요. '내가 잘할 수 있을까?' 하는 생각이 들더라도, 또 꿈을 이루는 과정이 너무 힘들고 멀게 느껴지더라도 저는 자기 자신을 믿으면 꼭 꿈에 다다를 수 있다고 생각해요! '나는 할 수 있어요!' 마음속 깊이 간직한 저의 마법의 주문을 함께 외워 봐요!

5. 있는 그대로의 내가 좋아요!

꿈을 향해 묵묵히 걷는
우직한 노력파 인내심 상욱

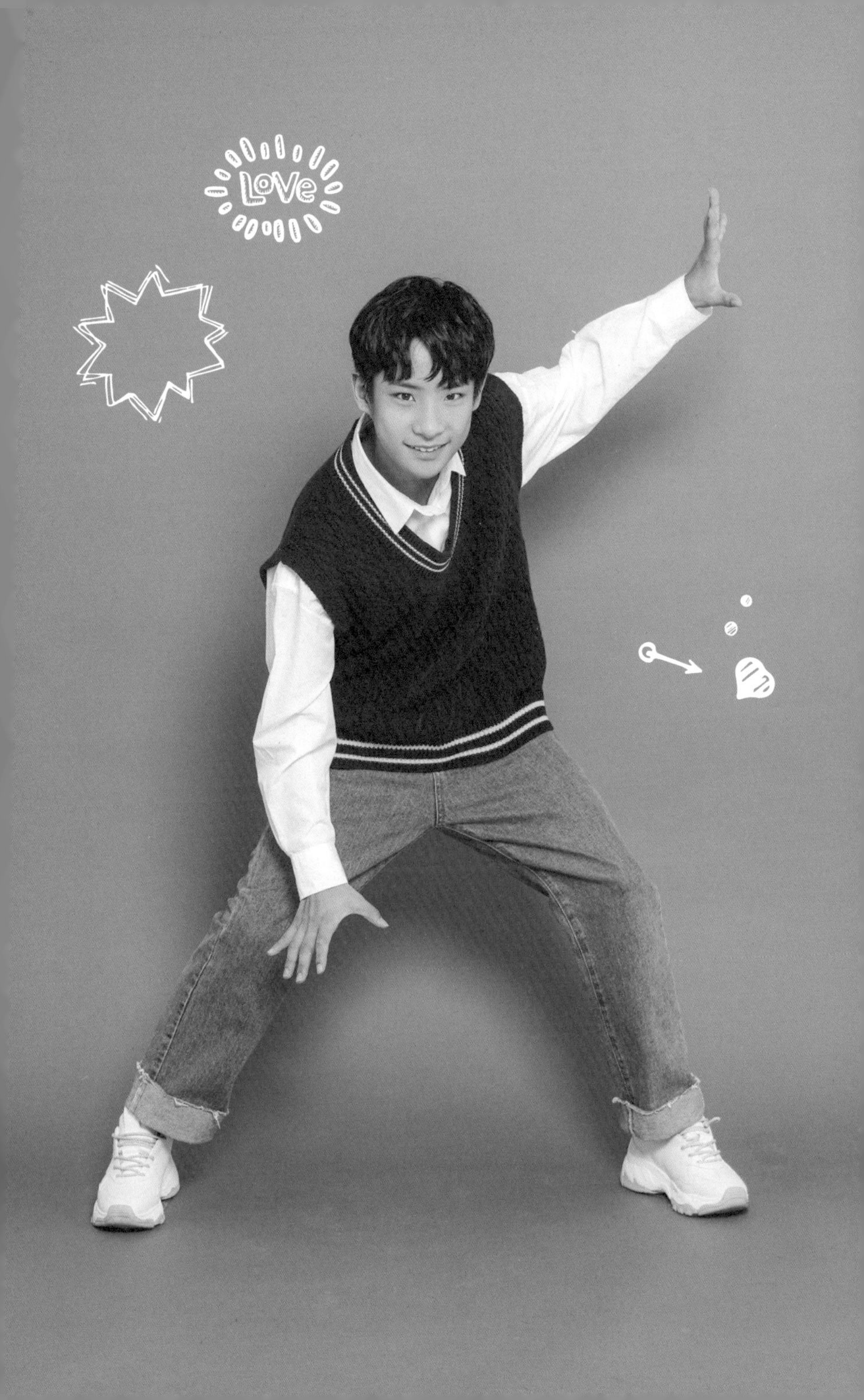
Love

소심한 성격 속에서 발견한 적성

"아, 날씨도 더운데 아이스크림 먹어야지!"

야심 차게 아이스크림콘을 꺼내서 한 입을 덥석 베어 물어요. 한순간에 더위가 싹 가시면서 달달함이 입안을 가득 채우는 행복한 기분….

"그래, 이 맛이지! 으아아, 역시 너무 맛있어!"

발을 동동 구르면서 깨방정을 떠는 그 순간, 아뿔싸! 겨우 한 입 베어 문 아이스크림이 바닥으로 뚝! 그때의 허무한 심정이란 누구나 공감하실 거예요. 이 허당기를 가득 풍기는 허술한 남자아이가 바로 클레버 유형 드라마 중 〈아이스크림 먹는 유형〉에서 제가 연기한 모습이랍니다.

저는 클레버 드라마 속에서 주로 이렇게 허당기 넘치는

캐릭터를 담당하고 있어요. 허세를 부리면서 과장하다가 실수를 하거나, 뭘 한다고 하는데 2% 부족한 어설픈 모습으로 웃음을 드리는 역할이랄까요? 그래서 실제로도 굉장히 쾌활한 인싸 같은 성격일 것 같지만, 사실 저는 의외로 좀 소심한 성격이에요. 누구와도 잘 어울리는 활발한 성격과는 좀 거리가 멀고, 오히려 사람들 사이에서 서먹서먹해할 때가 많은 편에 가깝죠. 무표정으로 멀뚱멀뚱하게 있을 때가 많아서, 어떻게 보면 늘 사람들 앞에 서야 하는 연기자라는 직업과는 참 안 어울리는 성격인지도 모르겠어요.

그런데 오히려 연기가 그런 저의 또 다른 모습을 세상 밖으로 꺼내 주는 연결고리가 되어 준 것 같아요. 어릴 때부터 카메라 앞에 서서인지, 카메라가 앞에 있으면 마음가짐이 딱 달라지거든요. 그 순간에는 쑥스럽거나 어색한 마음보다는 '제대로 해야겠다'는 생각뿐이에요. 그래서 촬영할 때는 제가 평소 집에서도 잘 보이지 않는 모습, 저한테 있었는지도 몰랐던 모습을 보여 주게 돼요. 소심한 제가 오히려 제 안의 다른 모습을 자유롭게 꺼내 놓을 수 있는 기회인 셈이죠.

생각지도 못한 연기를 시작하게 된 건 정말 '어쩌다 보니'였어요. 엄마에게 들은 얘긴데, 제 입으로 말하긴 좀 쑥스럽지만 제가 아기였을 때 되게 예뻤다고 해요. 그래서 엄마가 연기 학원에 한번 보내 봤대요. 사실 그땐 저도 제가 뭘 좋아하는지 잘 모르고 별생각이 없었는데, 시간이 갈수록 연기 학원에 가는 날이 기다려지더라고요. '매주 목요일은 연기 학원에 가는 날'이라는 생각에 일주일 내내 설렜어요. 뭐가 그렇게 재밌고 좋았는지는 지금도 사실 잘 모르겠어요. 다만 이 일은 내가 오랫동안 즐겁게 할 수 있겠다는 확신이 점점 커졌던 것 같아요.

이상하게 연기를 배우고 있는 동안에는 세포 하나하나가 생생하게 움직이는 기분이 들었어요. '이거 정말 괜찮은데? 계속 해볼까?' 저도 모르게 그런 마음이 생기는 거예요. 남들은 보통 영화나 드라마를 보면서 꿈을 키웠다고 하는데, 저는 연기를 직접 체험해 본 다음에 영화를 보면서 오히려 더 가슴이 뛰었던 경우예요. 영화 〈전우치〉를 보면서 강동원 배우님에게 관심이 생겨서 그분이 출연한 영화를 더 찾아 봤어요. 정말 너무 멋있어서 '아, 내가 저 주인공이면 어땠을까?', '나는 저 장면에서 어떻게 연기

했을까?' 자꾸 그런 상상을 하면서 영화를 보게 되더라고
요. 그런데 그런 생각을 하는 것 자체가 너무 재밌어서 '나
의 길은 연기다!'라고 결심하면서 연기에 더 관심을 갖게
되었어요.

저는 저에게 타고난 재능이 많다고 생각하진 않아요.
다만 잘 되든 안 되든 묵묵히 해나가다 보면 좋은 결과를
얻게 된다는 것을 경험을 통해 알게 되었어요. 무엇이든
노력하면 그만큼 보상이 따른다고 생각하거든요. 그것이
작은 성취감뿐일지라도 말이에요. 꾸준히 내가 믿는 방향
으로 걸어 나가는 인내심과 끈기, 거기에 나만의 색깔이
더해지면 언젠가 꼭 나의 빛을 사람들이 발견하게 되리라
고 믿고 이 길을 걸어가고 있어요.

66 저는 저에게 타고난 재능이 많다고
생각하진 않아요. 다만 잘 되든 안 되든
묵묵히 해나가다 보면 좋은 결과를 얻게
된다는 것을 경험을 통해 알게 되었어요.
무엇이든 노력하면 그만큼 보상이
따른다고 생각하거든요. 그것이 작은
성취감뿐일지라도 말이에요. 99

가망 없는 아이에게 꿈을 심어 준 스승님

어릴 때부터 연기에 재미를 느껴서 거의 10년 동안 쭉 이 일을 계속 해오기는 했지만, 사실 처음에는 제가 보기에도 참 소질이 없었어요. 소심한 성격 탓에 처음에는 특히 어렵게 느껴지는 순간들이 많았고, 친구들에 비해서도 유독 연기를 잘 못 해서 저 스스로 가망이 없다고 생각할 때도 많았어요. 좋아하는 일이라고 해서 반드시 잘하는 건 아니잖아요. 제가 그랬던 것 같아요. 그런데 문제는 스스로 못한다는 걸 알고 나니까 점점 자신이 없어지는 거예요. 칭찬을 받으면 자신감이 올라가는 것처럼, 반대로 매번 혼나기만 하면 아무리 좋아하는 일이라도 그만두고 싶어지잖아요.

특히 클레버에 들어오기 전에 어떤 대형 연기 학원에 다니고 있었는데, 그때가 가장 힘든 시기였어요. 그때 연기를 지도해 주신 선생님이 잘하는 친구들은 무척 예뻐하셨는데 못하는 아이들에게는 상대적으로 좀 냉정하셨어요. 하루는 우는 연기를 배우는 날이었어요. 반 친구들은 모두 성공했는데 저만 안 되는 거예요. 사실 그때까지 한 번도 우는 연기에 성공해 본 적이 없었거든요. 마음은 답답한데, 초조할수록 집중은 더 안 되고…. 그 상태로 결국 수업이 끝났어요. 수업이 끝나고 언제나처럼 선생님이 교실 밖에서 기다리고 있던 어머니들 앞에서 그날 수업에 대해 간단히 전달사항을 말씀하셨죠.

"어머님들, 오늘 모두들 눈물 연기에 성공했으니까 많이 칭찬해 주세요. 맛있는 것도 사주시고요."
"선생님, 상욱이도요?"

제가 항상 눈물 연기에 실패했다는 걸 아시니까, 저희 엄마가 깜짝 놀라면서 물어보셨는데 선생님이 단호하게 대답하시더라고요.

"아니요, 상욱이는 못 했으니까 사주지 마세요."

제가 정말 어릴 때였거든요. 그때 너무 속상해서 엄청 울고 한동안 연기를 쉬었던 기억이 나요. 좌절감에 빠져 있던 제가 본격적으로 연기에 재미를 붙이고 자신감이 생기기 시작한 터닝 포인트는 다름 아닌 클레버의 허쌤을 만난 일이었어요. 그 연기 학원의 선생님들 중 한 분이셨던 허쌤이 제가 연기를 계속할 수 있게 된 계기를 만들어 주셨어요.

그때 저는 자존감이 낮고 자신감이 참 부족한 상태였어요. 그런데 허쌤이 같은 반에 더 잘하는 친구들이 많은데도 저에게 관심을 가져 주시고, 또 갑자기 저에게 반장을 시키신 거예요. 쉬는 시간이 끝나면 반 아이들을 불러오는 것도, 공지사항을 전달하는 것도 제가 하게 된 거죠. 신기하게 반장이 되고 나서부터 책임감 때문에라도 더 자신 있게 나서게 되고, 그러다 보니 자존감이 높아지더라고요. 그러다 클레버 초기 멤버로 함께하면서 지금까지 연기 공부를 이어 오게 된 거예요. 어떻게 보면 특정 오디션이나 어떤 목표를 정해 놓고 치열하게 달려왔다기보다, 어릴 때부터 10년 넘게 해온 연기가 저의 일상 자체가 된 것 같아요. 잘 되든 안 되든 그저 꾸준히 한 우물을 판 셈이랄까요.

저의 트라우마라고도 할 수 있었던 눈물 연기의 첫 성공을 함께해 주신 것도 바로 허쌤이었어요. 그날도 연기 수업을 듣고 있었는데, 주변 친구들은 다들 눈물 연기에 성공했는데 또 저만 안 되는 거예요. 거울 앞에서 10분 넘게 감정도 잡아 보고, 눈을 깜박이지 않아 보기도 하고 별별 시도를 다 해봤어요. 그렇게 며칠 동안이나 끙끙거리고 있었는데 정말 어느 순간에 눈물이 한줄기 뚝 떨어지는 거예요. 남들이 보기에는 별것 아닌 쉬운 일일지도 모르지만, 아마 그 작은 성공을 저는 평생 잊지 못할 것 같아요. 허쌤도 그날 엄청 많이 칭찬해 주셨고, 제가 연기를 하면서 가장 큰 성취감을 느낀 순간이었다고 생각해요.

일단 한 번 '할 수 있다'는 경험을 하고 나니까 그 후에는 힘든 단계를 극복하는 게 조금 더 쉬워졌어요. 아무것도 없는 황무지에서 꽃씨를 심는다고 하면 처음에는 '정말 꽃을 피우는 게 가능할까?' 하고 막막하게만 느껴지지만, 일단 새싹이 돋아나는 걸 눈으로 확인하고 나면 비로소 꽃이 필 거라는 확신이 생기게 되는 것처럼요. 이제 남은 건 의심하지 않고 내가 하고 싶은 일을 끝까지 이뤄 내기 위해 노력하는 것뿐이라는 걸 아니까, 흔들리지 않고 굳건하게 나아갈 수 있어요.

그래서 제가 존경하는 롤모델을 꼽으라고 하면 여러 배우나 가수를 제치고 제일 먼저 떠오르는 분이 지금도 허쌤이에요. 제가 스스로 가망이 없다고 생각하고 포기하려고 했을 때도 딱 붙잡아 주시고, 거의 개인 지도를 해주시다 시피 도와주셨어요. 저 자신도 포기할 뻔한 저를 포기하지 않고 끝까지 해볼 수 있도록 힘을 주신 거죠. 허쌤을 만난 후에 연기가 정말 많이 늘었고, 그래서 그 은혜를 잊지 못할 거예요. 실력이 발전하면서 연기가 재밌어졌고, 이 일을 계속해도 좋을 것 같다는 생각을 하게 됐으니까요. 깜깜한 어둠 속에 서 있다가 한줄기 빛을 만난 거나 다름없 었다고 생각해요.

지금도 허쌤이 연기 연습도 많이 도와주시고 칭찬을 많이 해주세요. 잘해서 칭찬받고 싶은 마음이 제가 계속 연습할 수 있는 원동력 중 하나가 된 것 같아요. 잘하고 싶은 마음에 혼자 막 고민도 하고 "선생님, 이렇게 해보면 어때요? 이거 괜찮아요?" 하고 적극적으로 여쭤보기도 하는데요. 그럴 때 "상욱이, 기특하네. 많이 발전했네" 하고 한마디 해주시면 그럴 때마다 신나서 더 잘하고 싶어져요. 그래서 선생님이 내주신 과제가 있으면 최대한 완벽하게 해내려고 하는 편이에요. 보통 연습해서 영상으로 찍은 다음에 선생님께 보내서 확인을 받는데, 잘하다가도 카메라를

켜면 또 떨려서 실수를 하거든요. 그래서 저번에는 제가 보기에도 만족스러울 만큼 완벽한 영상을 보내고 싶어서, 1분짜리 영상을 2시간 40분 동안 촬영해서 완성하기도 했어요. 할 때는 몰랐는데 시계를 보니까 벌써 시간이 그렇게 지났더라고요.

예전에 선생님이 "한 번 제대로 연습하는 게 백 번 대충 연습하는 것보다 낫다"고 하신 적이 있었는데, 정말 공감이 돼요. 연습이 잘 안 될 때도 '상욱아, 진짜 제대로 한 번 해보자'라고 생각하면서 마음을 다잡고, 선생님이 피드백 해주신 것에 집중해서 노력을 다 쏟아보겠다는 각오로 몰입하면 정말 조금씩 나아지는 게 느껴져요. 단번에 완성되지는 않더라도, 희망이 보이는 순간들이 생긴다고 할까요?

국민 MC 유재석 님도 오랜 기간을 거쳐서 지금의 자리에 올랐고, 유명한 희극인 김숙 누나도 무명으로 보낸 기간이 엄청 길었다고 하잖아요. 그분들이 포기하지 않고 버틸 수 있었던 이유는 무엇이었을까요? 더 잘하기 위해 발버둥 치고 노력하는 것도 중요하지만, 그 자리를 떠나지 않고 묵묵히 버티며 한 걸음씩 꾸준하게 걸어 나아간 것도 성공의 요인 중 하나가 아니었을까요? 그만큼 그 일을 사랑했고, 또 주변에 자신을 믿어 주는 좋은 사람들이 있었기 때문에 가능했을 거라고 생각해요.

저에겐 그런 분이 허쌤이에요. 저에게 허쌤과의 만남이 없었다면 연기가 아무리 재밌어도 계속해 나가지 못했을 것 같아요. 사실 이런 말을 입 밖으로 꺼낸 적은 별로 없어서 쑥스러워요. 제가 중2병이 맞긴 한가 봐요. 선생님이 칭찬해 주시면 속으로는 기분이 엄청 좋으면서도 겉으로는 그냥 "네" 하고 무뚝뚝하게 대답하고 말거든요. 하지만 저에게 허쌤은 제 인생을 바꿔 주신 분이에요. 좋은 스승을 만나는 것도 엄청난 행운이잖아요. 제가 이렇게 오랫동안 꾸준히 이 길을 걸을 수 있었던 건 좋은 스승님을 만났기 때문이라고 생각해요.

웃음을 주는 게 행복해요

왜 누구를 좋아하면 바보 같은 행동을 하게 되죠? 멋있어 보이고 싶은데 오히려 더 이상한 우스갯소리나 하고, 솔직하게 고백하지 못해서 말을 빙빙 돌리고요. 이런 짝사랑의 마음을 담은 클레버 드라마 중에 〈아는지 모르는지〉라는 시리즈가 있었어요. 저랑 나예가 주인공인데, 제가 나예를 짝사랑하는 허당 남학생 역할을 맡았었죠.

"이거, 선물."
"뭐야, 꽃 찾으러 갔던 거야? 난 이런 거 필요 없는데. 편지만 있어도 되는데."
"편지 봤구나? 난 네가 싫어할까 봐…."

나예 앞에서 번번이 실수만 하고, 가까이 다가가지 못해서 혼자 괴로워하다가 결국 꽃을 꺾어 와 고백하면서 '꽁냥 커플'이 탄생하게 됐죠. 〈아는지 모르는지〉에서 연기할 때 정말 기분이 좀 이상했어요. 누굴 좋아하는 저희 또래의 마음이 잘 담겨 있어서 그랬는지, 이상하게 감성적으로 몰입이 되는 느낌이더라고요. 똑같이 연기하는데도 어떤 건 유독 와닿고, 또 어떤 건 도통 자연스럽게 표현되지 않는 걸 보면 연기는 할수록 매력적이면서도 그만큼 어려운 것 같아요.

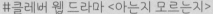
#클레버 웹 드라마 <아는지 모르는지>

제 성격이 평소에 소극적이고 남들 앞에 나서는 걸 잘 못하다 보니, 연기할 때도 감정을 폭발시키는 게 가장 어려워요. 뭐니 뭐니 해도 제일 힘든 건 여전히 울음 연기지만, 의외로 웃는 연기도 굉장히 힘든 거 아세요? 빵 터지게 웃거나 아니면 대놓고 펑펑 우는 것처럼 감정을 거르지 않고 솔직하게 터트리는 게 저에게는 익숙하지 않거든요. 머릿속으로 깊게 생각하면 할수록 감정에 소홀해지게 되고, 겉으로 드러나는 액션에 집중하면 눈물이 잘 안 나오고…. 참 웃고 우는 게 말처럼 쉽지가 않아요.

하지만 제가 연기할 때 가장 큰 동기 부여가 되는 건 보시는 분들의 '웃음'이에요. 저는 클레버 드라마에서 보통 허세 부리는 역할, 혹은 알고 보면 허당인 역할을 맡을 때가 많거든요. 그래서 일부러 과한 몸동작을 취하면서 사람들이 웃을 수 있는 포인트를 만들려고 노력해요. 이 부분이 포인트니까 무조건 빵 터지도록 잘 살리자는 마음으로요. 그렇게 해서 멋지게 성공하고 나면, 연습을 하면서 어려웠던 순간들이 싹 사라지고 뿌듯해져요.

예를 들면 유형 드라마 중에 〈물 마시는 유형〉을 촬영할 때였는데요. 멋있게 보이려고 오버하느라 정수기의 커다란 물통을 통째로 들어서 벌컥벌컥 마시는 장면이 있었어요. 일부러 웃기려고 동작이나 반응을 더 크게 하는데, 촬영장에서 "야, 역시 상욱이. 진짜 웃기다!" 하면서 웃음이 터지면 정말 기분이 좋아요. 사실 촬영장에 있는 스태프들은 이미 대본이나 상황을 다 알고 있기 때문에, 실제로 연기를 보고 나서도 웃기다고 해주시면 그건 나름대로 성공한 거거든요. 제가 연기를 통해 웃음이나 재미를 드리고 싶은 욕심이 많다 보니까 이런 허당 캐릭터를 맡는 게 좋아요.

사실 평소에는 자신감이 없는 편이다 보니까 연기할 때는 최대한 더 몰입하려고 노력해요. 내가 좀 주춤하거나 당황하면 그 장면을 제대로 살리지 못하게 되거든요. 예를 들어 과자를 뜯는 장면인데 만약 과자가 여분이 없고 하나뿐이면 무조건 한 번 촬영으로 끝내야 해요. 그럴 땐 혹시 과자 봉지가 잘 안 뜯어지더라도 그냥 능청맞게 "이게 왜 이렇게 안 뜯어져?" 하면서 자연스럽게 넘어가는 뻔뻔함이 필요한 거죠.

또 가끔은 연습도 없이 바로 대본을 주시면서 "시간이 없으니 빨리 외워야 해"라고 하실 때가 있어요. 그럼 바로 몰입해서 단번에 끝내 버리거나 아니면 실수를 하더라도 즉흥적으로 대처하는 순발력이 중요해요. 저는 오버해야 하는 캐릭터를 맡을 때가 많은데, 자칫 자신 없거나 창피해서 주춤주춤 어정쩡하게 연기해 버릴 수도 있거든요. 그럴 때는 최대한 내가 진짜 그 사람이 되었다고 생각하고 다른 사람들 시선은 신경 쓰지 않고 자신 있게 그 상황에 확 빠져야 되더라고요.

한번은 드라마에서 제가 '피어스'의 은채 팬으로 등장해서, 은채를 실제로 처음 만나는 장면을 연기한 적이 있었어요. 그때 대사가 따로 없고 상황만 주어졌는데요, 좋아하는 스타를 처음 보니까 너무 흥분해서 한 1분 30초 동안 쉴 새 없이 다다다 말을 내뱉어야 하는 장면이었어요. 그런데 즉흥적으로 대사를 만들어서 쉬지 않고 그렇게 길게 말하는 게 정말 쉽지가 않거든요. 중간에 말을 멈추고 생각하는 시간이 1초라도 있으면 NG가 나는 거니까요. 그런데 그때 순간적으로 확 몰입해서 정말 제 생각에도 머릿속이 엄청 빠르게 굴러가는 게 느껴질 정도였어요. 실제로 텐션이 엄청 올라간 채로 흥분해서 대사를 막 뱉었는데, 끝나고 나서 주변에 계시던 분들 사이에서 웃음이 터지는 거예요. 너무 재밌었다고요.

제가 연기에 몰입한 것은 물론이고 제 연기가 주변 사람들까지 집중하게 만들었을 땐 참 기억에 오래 남아요. 솔직히 지금 생각해도 그때 어떻게 했는지 모르겠거든요. 그런데 신기한 건 제가 스스로 몰입하고 재미있게 연기할수록 주변에서도 많이 웃으신다는 거예요. 그래서 제가 더 자신 있게 캐릭터에 빠져들어야 한다는 걸 느끼게 돼요. 결국, 연기라는 게 평소의 나와는 다른 또 다른 내 모습을 끌어내야 하는 일이잖아요. 그래서 자연스러운 연기를 끌어내기 위해서는 그만큼 감정과 경험의 스펙트럼을 넓히는 게 중요하다는 생각도 많이 해요. 아직 경험이 부족하고 어리긴 하지만 여러 가지 연기를 해보고 고민하다 보면 다양한 상황을 간접적으로 경험하게 되고 상상하게 되니

" 제가 연기에 몰입한 것은 물론이고
제 연기가 주변 사람들까지 집중하게
만들었을 땐 참 기억에 오래 남아요.
솔직히 지금 생각해도 그때 어떻게
했는지 모르겠거든요. 그런데 신기한
건 제가 스스로 몰입하고 재미있게
연기할수록 주변에서도 많이 웃으신다는
거예요. 그래서 제가 더 자신 있게
캐릭터에 빠져들어야 한다는 걸
느끼게 돼요. "

제가 어릴 때부터 연기를 해왔고 그게 영상으로 고스란히 남아 있다 보니까, 제가 보기에 부끄러운 흑역사도 차곡차곡 쌓여 있어요. 어릴 때 해맑게 깨방정 떨던 영상을 지금 다시 보면 너무 부끄럽더라고요. 하지만 그런 기록조차 보시는 분들이 재미있어 해주시면 그걸로 전 충분히 좋아요. 소심하고 평범한 중학생이 이렇게 많은 분들께 기분 좋은 에너지를 드릴 수 있다는 게 어찌 보면 쉽지 않은 일이잖아요. 그런데 연기는 제 안에서 또 다른 남상욱을 끄집어내서 그걸 가능하게 해줘요. 많은 분들에게 웃음을 드릴 수 있다는 생각에 아직도 카메라 앞에 서면 마음이 설레요.

내가 가수가 될 수 있을까?

최근에 가수 남상욱으로서의 1집 앨범이 나왔어요. 오랫동안 연기를 하다가 가수에 도전한 건 저에게도 생소하고 낯선 일이었어요. 특히나 원래 노래에 자신 있는 편은 아니거든요. 사람들 앞에서 당당하게 노래도 부르고 춤추는 친구들을 보면 사실 신기해요. 집에서 좋아하는 노래를 흥얼흥얼 따라 부르는 정도이지, 노래에 대한 자신감은 별로 없었어요. 특히나 사람들 앞에서 노래를 부른다는 건 쉽게 꿈꾸지 못 하는 일이었고요.

그런데 클레버에서 비타민이나 피어스가 계속 앨범을 내고, 춤추고 노래하는 모습을 보니까 점점 부러운 마음이 들더라고요. 앨범이 나올 때마다 저희 팬들인 '클둥이'들도 무척 좋아해 주시고요. 그래서 저도 노래를 해보고 싶다는 생각은 굉장히 오래전부터 했어요. 그러다 본격적으로 제 곡을 발표하기로 결정이 되고 나서, 설렘 반 두려움 반으로 정말 오랫동안 준비를 했죠.

〈약속해 줘〉라는 곡을 처음 들었을 때는 낯설고 두려운 마음이 더 컸던 것 같아요. '너무 빠른 것 같은데? 고음도 많고 어려울 것 같은데? 내가 할 수 있을까?' 그런 걱정을 많이 했어요. 그런데 곡을 만나는 것도 친구를 사귀는 것과 비슷한 부분이 있는 것 같아요. 처음엔 좀 어색하고 생소하지만 점점 친해질수록 좋아지는 느낌이랄까요? 여러 번 듣고 불러 볼수록 세상의 어떤 노래와도 다른, 나만의 색깔을 담은 노래가 될 수 있을 거라는 확신이 들었어요. 노래라는 게 그런 건가 봐요. 곡과 가수가 만나서 그

궁합만이 만들 수 있는 독자적인 하나의 색깔을 만들어 내게 되는 것 같아요.

모든 게 꿈만 같은걸
매일이 행복한 날
단 하나의 빛이 되어 줄게
밤하늘 반짝이는 작은 별자리처럼

나를 보고 웃을 때 너와 함께 웃고 싶어
파란 하늘 구름 위 햇살 가득 담아 줄게

– 남상욱 <약속해 줘> 중에서

노래를 열심히 연습해서 마침내 녹음실 앞에 딱 도착했을 때의 기분이 아직도 생생해요. 꼭 다른 차원의 포털을 여는 것 같은 느낌, 그러니까 마치 아예 다른 세계로 들어가는 기분이었어요. 심장이 너무 떨려서 문 앞에서 크게 심호흡을 하고 들어갔어요. 더구나 제 곡은 솔로 곡이라서 주변에 의지할 멤버도 없잖아요. 그래서 긴장을 많이 했는데 다행히 선생님들이 모두 친절하게 가르쳐 주시고 칭찬도 해주셔서 겨우 정신을 차리고 무사히 마칠 수 있었어요. 시간이 흐르니 다행히 긴장이 풀리더라고요.

클레버에서는 항상 유튜브 생방송을 통해서 뮤직비디오를 처음으로 공개하는데요, 그날도 학교 수업이 끝나고 40분 정도 후에 바로 생방송이 시작하는 일정이었어요. 그래서 수업이 끝나자마자 열심히 집으로 달려와서 휴대폰을 켜고 경건한 마음으로 대기를 했죠. 너무 많은 분들이 '남상욱 앨범이 나온다고? 기대된다'라고 하면서 기다려 주서서 감사하기도 하고 너무 떨리기도 했어요. 저도 티저 영상만 본 상태이고 완성본은 그때 처음 보는 거라 불안하면서도 두근거리는 마음이었죠. 전날 밤에는 잠도 안 오더라고요.

뮤직비디오가 딱 나오는데 처음에는 잘 믿기지 않았어요. 지금 생각해도 그 순간을 어떻게 표현해야 할지 모르겠어요. 온몸에 전율이 흐르는 느낌이라고 할까요? 그 4분가량의 뮤직비디오가 공개되기까지 연습도 연습이지만 사실 걱정을 많이 했거든요. 사람들이 좋아해 주실지, 또 클레버에서 많은 분들이 애써 주셨는데 반응이 안 좋으면 어쩌나…. 그런데 결과물이 공개되는 순간 온몸에 닭살이 돋는 느낌이 들면서, 어쨌든 앨범이 마침내 세상에 공개되었다는 사실 자체에 너무 감회가 새로웠어요. 바로 이 순간의 느낌 때문에 항상 포기하지 않고 달릴 수 있는 것 같아요.

곡이 나왔을 때 아빠도 많이 좋아하시고 응원해 주셨던 게 기억에 남아요. 제가 중학생이 되면서 집에서도 조금은 무뚝뚝한 아들이 되었거든요. 그런데 아빠가 휴대폰 통화 연결음도 제 노래로 바꾸시고 칭찬을 막 쏟아내 주셔서 저도 티는 많이 내지 않았지만 내심 무척 뿌듯하고 기뻤어요.

더 나은 결과를 위해서라면 달릴 수 있어요

예전에는 배우는 과정 자체를 즐겼다면, 지금은 오히려 조금 진지해졌어요. 앨범 하나가 나오기까지 수많은 분들이 고생하시는 걸 알게 되니까 더욱 제 역할을 잘해야겠다는 생각이 들었어요. 제가 잘해야 모두가 도와주신 보람이 있는 거니까, 은근히 부담이 느껴지더라고요. 그런데 결국 방법은 연습밖에 없잖아요. 그냥 '절대 실수하지 말자', '내가 할 수 있는 최대치만큼 연습을 하자', 그런 마음으로 이번 앨범을 준비하게 됐어요.

보통 집에서 하루에 4시간 정도 연습하는데, 앨범을 준비할 때는 한 달 정도 매일 연습실에 가서 지내다시피 했어요. 당연히 힘들긴 했지만 그래도 일단 시작했으니 멈출 수가 없었어요. 그리고 이렇게 계속 꿋꿋이 나아가다 보면 저 끝에 커다란 선물 상자가 기다리고 있다는 걸 알고 있기도 했고요. 시간상으로 여건이 안 되는 날에도 어떻게든 시간을 내서 연습했어요. 어떻게 보면 연기 연습을 할 때도 비슷하거든요. 열심히 연습해서 촬영에 들어가면 하나의 결과물이 나오는데, 그럴 때마다 정말 뿌듯하기 때문에 연습 단계에서도 의욕을 불태울 수밖에 없어요.

그런데 연습을 하다 보면 죽었다 깨어나도 못할 것 같은 헷갈리는 안무 동작들이 있어요. 한참 동안 그 부분만 붙잡고 반복하는데도 안 되면 저도 힘들고, 선생님도 힘들어져요. 그럴 땐 마음속으로 '내가 다음 주까지 이 동작은 무조건 해내고 만다! 다른 건 몰라도 이 동작은 꼭 해낸다!' 그렇게 다짐을 해요. 오기도 좀 생기더라고요.

대신 그렇게 어려웠던 부분을 해결했을 때는 말로 할 수 없을 만큼 속이 시원해요. 저 자신이 가장 자랑스러워지는 순간이기도 한 것 같아요. 얼마 전에는 지코 형의 〈Summer Hate〉를 연습하고 있었는데, 처음에는 고음 부분이 너무 안 올라가는 거예요. 그래서 한 30분 정도 쉬었다가 다시 해봤더니 갑자기 한 번에 너무 시원하게 진성이 쭉 뻗어져 나오더라고요. 꼭 뚫어뻥으로 뻥 뚫은 것처럼요. 그럴 때면 지금까지 답답했던 것이 다 사라지면서, 기분이 너무 좋아요. 물론 그러고 나서 또다시 안 될 때도 많지만요…. 그래도 한 번이라도 해내고 나면 조금은 감도 생기고, 가능하다는 걸 확인한 것만으로도 좀 힘이 나요.

그렇게 계속 연습을 하다 보면 결국 어느 순간에는 익숙해지는 시점이 오더라고요. 제가 영어를 잘 못 하는데, 한번은 선생님이 팝송을 과제로 내주셨어요. 가사가 처음부터 끝까지 영어로 되어 있으니까 발음도 제대로 익혀야 하고, 가사의 느낌을 살리려면 우리말로 번역도 해봐야 했어요. 처음에 가사지를 볼 때는 사실 외국어가 아니라 외계어 같은 느낌이었는데 그냥 계속 들으면서 따라 불렀어요. 그러다 보니까 어느 순간부터는 뜻을 정확히 이해하지는 못해도 일단은 가사를 안 보고도 노래를 부를 수 있을 정도가 되더라고요. 그게 벌써 2년 전쯤인데, 하도 많이 듣고 불러서 지금도 가사가 기억나요. 브루노 마스의 〈Marry You〉라는 곡이었어요.

그래서 이번 곡을 낼 때도 몸에 저절로 배도록 하려고 뮤직비디오 촬영 전날까지 연습을 정말 많이 했어요. 특히 춤은 정말 자다 일어나서도 출 수 있을 만큼 연습한 것 같아요. 뮤직비디오를 찍을 때는 이미 녹음한 곡을 틀어 놓고 촬영하는데, 그야말로 적나라하게 춤 실력이 드러나거든요. 요령도 없고, 보정도 없는 세계라고 보면 돼요. 날것 그대로의 내 모습이 솔직하게 담길 수밖에 없어요.

촬영 날에는 아침 일찍 일어나서 메이크업 아티스트분께 메이크업도 받고, 의상도 갖춰 입고, 머리도 손질해요. 다 꾸미고 난 다음에 거울을 딱 들여다봤더니 기분이 묘하더라고요. '아, 이건 평소의 내가 아닌데?' 게다가 그날은 제가 평생 해본 적 없는 새로운 헤어 스타일이랑 메이크업을 시도한 거라서 더 어색했어요. 거울 속의 한껏 꾸민 모습이 낯설게 보이면서도 새로운 모습을 발견하는 게 싫지 않고 왠지 들뜨기도 했어요. 다행히 모든 것이 착착 진행되어서 무사히 뮤직비디오 촬영을 마칠 수 있었죠. 7시간

동안 서서 촬영하다 보니 체력적으로 힘들기도 했지만, 결과물이 나왔을 때의 기분을 상상하니 설레었어요. 남상욱 앨범이 나온다고 하니까 댓글에서도 다들 응원해 주시고, 다음에는 또 어떤 재밌는 게 나올까 기대해 주시는 반응들을 보면 오히려 힘들지 않고 기대감이 차올라요. 결과물이 주는 성취감 때문에 항상 '진짜 제대로 잘해야겠다'라고 오히려 더 채찍질하게 되는 것 같아요.

변성기도 있는 그대로의 나

곡이 나오고 나서 감사하게도 정말 많은 분들이 칭찬을 해 주셨어요. 뮤직비디오가 예쁘고 노래도 좋다고요. 그런데 그 많은 댓글 중 하나가 정확하게 기억이 나요. '변성기가 온 걸 이용해서 랩을 저음으로 소화했는데 너무 듣기 좋았다. 변성기를 이렇게 잘 활용하다니 대단하다'는 댓글이었어요.

제가 실은 중학교 1학년쯤에 변성기가 왔거든요. 그래서 예전에 비해 더 낮은 음까지 소리 낼 수 있는 반면 고음이 잘 안 올라가요. 그 변화가 저에게도 아직은 좀 낯설고,

어떻게 보면 지금까지의 모습과 달라서 팬분들도 그런 변화를 좋아하지 않으실 수도 있잖아요. 그런데 많은 분들이 그걸 오히려 장점으로 보고 랩을 할 때의 목소리가 좋다고 얘기해 주셔서 너무 감사하더라고요.

개인적으로는 변성기가 지나니까 목소리가 낮아지고 예전처럼 어린애 같은 얇은 목소리가 나오지 않아서 조금 더 무게감 있는 캐릭터를 소화할 수 있게 되었다고 생각해요. 물론 그런 변화가 고민스러울 수도 있지만 저 스스로는 마음에 들어요. 제가 저의 첫인상에 대해서 고민해 본 적이 있는데요, 저는 순하고 착한 느낌이라기보다 악역에 더 잘 어울리는 얼굴인 것 같아요. 무표정으로 있으면 특히 좀 매서워 보이는데, 목소리도 낮아지니까 그런 이미지에 더 잘 어울리지 않을까 싶었어요. 악역이 꼭 나쁜 건 아니잖아요. 연기할 때는 캐릭터마다 특유의 매력들이 있는 거니까요. 그래서 변성기가 지나면서 오히려 제 이미지와 더 잘 어울리는 목소리를 갖게 되었다고 긍정적으로 덤덤하게 받아들이고 있어요.

" 제가 실은 중학교 1학년쯤에 변성기가
왔거든요. 그래서 예전에 비해 더 낮은
음까지 소리 낼 수 있는 반면 고음이
잘 안 올라가요. 그 변화가 저에게도 아직은
좀 낯설고, 어떻게 보면 지금까지의 모습과
달라서 팬분들도 그런 변화를 좋아하지
않으실 수도 있잖아요. 그런데 많은 분들이
그걸 오히려 장점으로 보고 랩을 할 때의
목소리가 좋다고 많은 분들이 얘기해 주서서
너무 감사하더라고요. "

저는 항상 저 자신을 있는 그대로 당당하게 보여 드리고 싶어요. 중학생이 되면서 변성기가 오고 얼굴에 여드름이 나는 건 어떻게 보면 자연스러운 변화잖아요. 내 모습을 숨기고 감추려고 하기보다 단점을 장점으로 바꿔서, 보는 분들에게 재미를 줄 수 있다면 그걸로 충분하다고 생각해요. 엄마는 제 키가 작으니까 신발 안에 깔창이라도 넣으라고 하시는데, 저는 깔창을 넣는다고 달라지는 건 아니니까 그럴 필요가 없다고 생각해요. 물론 키는 빨리 더 컸으면 좋겠지만 말이죠….

어떻게 보면 오디션을 볼 때도 자기 자신에 대한 그런 자신감이나 일종의 뻔뻔함이 좀 필요한 것 같아요. 사실 오디션만큼 떨리는 순간이 없거든요. 제가 항상 하는 말이, 공연을 하거나 엄청 큰 무대에서 사회를 보는 것보다 훨씬 떨리는 순간이 오디션 5초 전이라는 거예요. 혼자 떨면서 오디션 차례를 기다리다 보면 5초쯤 남았을 때 안에서 "자, 끝났습니다! 다음 참가자 들어오세요!"라는 소리가 들리고 바로 다음 순간 문이 끼익 열려요. 그 문을 열고 딱 들어가는 그 순간이 저는 세상에서 제일 떨려요. 그런데 그 느낌이 롤러코스터 탈 때랑 비슷해요. 타기 전에는 엄청나게 떨리는데 내리고 나면 별것 아니잖아요. 오디션을 볼 때도 막상 들어가서 심사위원 선생님들 앞에서 연기를 하는 도중에는 생각보다 떨리지 않아요. 끝나고 나면 다리가 풀려 버리긴 하지만요.

오디션 경험이 아무리 많아도 항상 긴장되는 건 어쩔 수 없는 것 같아요. '떨어지면 어쩌지?' 하는 걱정도 당연히 들죠. 막상 합격하고 나면 '그 많은 참가자 중에서 내가 합격을 했다고?' 하고 놀랐다가, 천천히 실감이 나면서 그다음에 기쁨이 몰려와요. 사실 붙고 떨어지는 것도 중요하지만, 일단 도전해 보는 게 중요하다는 생각이 커요. 나름대로 오랫동안 많은 연기 경험을 쌓았는데, 과연 이 많은 친구들 사이에서 내가 어느 정도의 실력인지 궁금하기도 하거든요. 그럼 계속해서 그 친구들 틈에 끼어서 오디션에 도전해서 내가 잘하고 있는 건지 확인해 보는 수밖에 없고요.

오디션에서 붙든 떨어지든 일단 제가 심사위원님들 앞에서 보여줄 수 있는 걸 용기 있게 다 보여 줬다면, 그 경험만으로도 의미가 있다고 생각해요. 떨리는 걸 극복하려면 경험이 필요하거든요. 오디션에서 "더 보여 줄 거 있어요?"

라는 질문을 들었을 때, 준비한 것만 마치고 나올 수도 있지만, 할 수 있는 건 뭐든지 당당하게 보여 드리려고 하는 편이에요. 그러고 나면 떨어져도 아쉬움이 덜 남고 만족할 수 있어요. 일단 내가 할 수 있는 건 최선을 다해서 모두 선보인 셈이니까요.

그리고 일단 최선을 다했다는 확신이 들면 별로 후회스럽지 않아요. 무엇보다 그런 최선의 순간들이 모여서 나를 꿈으로 이끄는 길이 된다는 걸 알거든요. 클레버에서 제가 배운 것 중의 하나는 뭔가 해내기 위해 마음을 다잡고 진심으로 노력하면 꼭 이루어진다는 거예요. 사실 그런 믿음을 갖기가 어렵잖아요, 노력하면 된다는 말이 어른들의 막연한 잔소리처럼 느껴지기도 하고요. 저도 '어떻게 그럴 수 있겠어?'라고 의심했는데, 신기하게도 노력하면 진짜 안 되던 것도 결국 되는 순간이 오더라고요. 직접 경험해 보니 결국 믿게 되었어요.

그리고 나 자신을 있는 그대로 받아들이고 그 안에서 또 다른 나의 색깔을 찾아내는 게 저는 정말 중요하다고 느껴요. 분명히 자신이 어쩔 수 없는 부분들이 있어요. 그렇다고 불평해 봤자 실제로 바뀌는 건 없잖아요. 때로는 나를 포장하고 꾸미는 것도 필요하지만, 그 안에 있는 진짜 나를 믿을 때 비로소 포장된 모습이 더 근사하게 보일 수 있다고 생각해요. 그러다 보면 있는 그대로의 내가 인정받는 순간들이 많아지지 않을까요? 그래서 저는 저 자신을 갈고 다듬어서 어디서든 자랑스럽게 꺼내 보일 수 있도록 노력하고 있어요. 아직은 덜 다듬어진 원석이지만 나중에는 내면 깊은 곳에서 허세가 아니라 진짜 멋스러운 매력이 드러날 수 있도록 말이에요.

나를 지켜 주는 소중한 작은 방

얼마 전에 비타민 친구들이랑 유튜브 예능 콘텐츠 촬영을 했어요. 체력 단련 훈련으로 턱걸이나 윗몸일으키기 같은 걸 하는 거였는데, 재미로 하는 예능이지만 또래 친구들이랑 하다 보니 묘하게 승부욕이 발동했어요. 또래라고는 해도 다들 저보다 어린 동생들인데, 저도 모르게 의욕이 불타올라서 무리하게 되더라고요. 기를 쓰고 동생들을 이기려고 하는 제 모습이 스스로 보기에도 웃기는 건 사실인데, 또 한편으로는 그 친구들이 있어서 좋은 자극이 될 때가 많아요.

평소에 연습할 때도 제가 못한 걸 다른 친구들이 해내면 저도 해내고 싶은 욕심이 생기거든요. 클레버에서 비슷한 꿈을 꾸는 또래 친구들과 있다 보니 서로에게 응원이 많이 되는 것 같아요. 사실 클레버에 들어온 건 제가 제일 먼저지만 비타민 멤버들을 보면 다들 너무 잘하는 것이 느껴지거든요. 그러니까 저도 더 욕심을 내게 되고, 도움이 필요한 부분이 있을 땐 또 서로 조언을 주고받기도 해요. 특히 나예는 클레버에 오기 전부터 알았던 사인데, 장점이 정말 많은 친구예요. 소심하고 낯선 친구들한테 말을 잘 못 붙이는 저와는 달리 비타민 멤버들을 잘 이끌고, 리더십이 뛰어난 면이 부럽더라고요.

그런데 저희가 키즈 아이돌이나 아역 배우로 활동하다가 이제 조금씩 청소년기에 접어들고 사춘기도 겪고 있잖아요. 어떻게 보면 제가 가장 먼저 그런 과정을 경험하다 보니까 조금 걱정스러운 부분도 생겼어요. 아무래도 클레버TV가 키즈 채널로 시작했다 보니 어린애 같은 모습을 많이 보여 드리게 되잖아요. 그러니까 제 실제 성격보다 귀여운 모습을 연출할 때도 있고, 웃긴 캐릭터를 연기할 때도 있는데 가끔 주변에서 그걸 보고 놀리는 사람들이 있어요. 연기는 연기일 뿐인데, 캐릭터의 허당 같은 모습만 보고 제가 실제로도 그런 성격이라고 생각하는 사람들이 있는 것 같아요. 그럴 때는 좀 속상하기도 하고, 또 한편으로는 다른 친구들도 이런 일을 겪지 않을까 걱정되기도 해요.

하지만 좋아해 주시는 분들이 있으면 또 악플을 다는 사람들도 있기 마련이니까, 저희도 나름대로 신경 쓰지 않으려고 멘탈 관리를 해요. 저도 되도록이면 안 좋은 일은 마음에 담아 두지 않고 잊어버리려고 하는 편이에요. 좀 힘들거나 답답한 일이 있었어도 다음날 친구들하고 게임을 하면서 털어 내고, 그렇게 넘어가려고 해요. 제가 좋아하는 일을 하고 제가 선택한 길을 가고 있는 거니까요. 가끔 속상한 일이 있어도 저를 응원해 주시는 분들로부터 또 힘을 얻곤 하고요. 물론 내 마음을 제일 잘 아는 건 나니까, 내가 나 스스로를 위로하고 용기를 북돋아 주는 것도 필요한 것 같아요. 나에게 뭐가 중요하고 뭐가 행복한지 생각해 보면서요.

세상에 완벽한 사람은 없잖아요. 저도 때론 실제로 허당 짓을 하고, 아직도 잘 모르고 어설픈 것도 많아요. 하지만 지금 하는 일을 좋아하기 때문에 느리더라도 우직하게, 꾸준하게 나아가려고 해요. 좋아하는 사람이 있으면 하루 종일 마음이 설레고 들뜨는 것처럼, 좋아하는 일이 있는 것도 어떻게 보면 비슷한 것 같아요. 하고 싶은 일이 있다는 것만으로도 저에게 하나의 안식처 같은 소중한 작은 방이 하나 있는 느낌이거든요. 그래서 혹시 꿈이 없다고 생각하는 사람이 있다면 사소한 거라도 좋으니까 좋아하는 일을 찾아보라고 응원해 주고 싶어요. 그 누굴 위해서가 아니라 바로 나 자신을 위해서요.

클레버 E&M 이야기

"저도 비타민이 되고 싶어요." "클레버에 들어가려면 어떻게 해야 하나요?" "클레버는 어떤 곳인가요?" 궁금한 게 많은 독자분들을 위한 Q&A를 준비했어요. 비타민과 비타민을 탄생시킨 클레버 E&M에 대한 독자 여러분의 궁금증을 풀어 드릴게요!

★ 클레버는 어떻게 만들어졌나요?

클레버는 학교 선후배 사이였던 유쌤과 허쌤이 함께 만든 회사예요. 둘 다 연극영화학과 출신이라 각자의 경험을 살려 재능 있는 친구들과 함께 의미 있는 콘텐츠를 제작해 보고 싶었어요. 그 꿈을 현실로 이룬 게 바로 클레버랍니다. 노래나 춤, 연기 등을 배우는 어린 친구들은 많은데, 결과물을 보여 줄 수 있는 환경이 부족한 게 안타까워서 더 풍부한 환경과 다양한 기회를 마련해 주고 싶었거든요. 그래서 클레버를 만들고 유튜브 채널도 운영하게 되었어요.

★ 키즈 아이돌 비타민에 대해 간단히 소개해 주세요.

비타민은 클레버에 소속된 대표 키즈돌이에요. 지금은 초등학생부터 중학생 멤버로 이루어져 있답니다. 우리가 흔히 접할 수 있는 대중문화는 사실 성인들이 즐길 수 있는 콘텐츠가 대부분이잖아요. 비타민은 아이들도 건강하고 건전하게 소비할 수 있는 음악을 지향하고 있어요. 말하자면 부모님이 아이들에게 들려주고 보여 줄 수 있는 음악, 아이들이 아이답게 따라 출 수 있는 춤을 선보이려고 하죠. 사실 비타민은 이제 키즈돌이라는 틀에 국한되지 않고 또래 팬들과 함께 나이 들면서 자라는 그룹이 되고 있어요. 서로 또래 감성을 공유하면서 따라 하고 즐길 수 있는 문화 자체라고 할 수 있을 것 같네요.

★ 비타민의 곡은 어떻게 만들어지나요?

비타민의 곡은 클레버의 상아쌤이 대부분 직접 만들고 있어요. 비타민 또래의 친구들이 할 만한 고민이나 생각을 많이 떠올리면서 만드는 편이에요. 아이다울 때 가장 예쁜 아이들의 특징을 살려서 그 또래 아이들이 소화했을 때 가장 어울리는 콘셉트를 보여 주려고 해요. 순수하고 상큼한 비타민의 노래를 통해서 되도록이면 친구들에게 희망적인 메시지를 주고 싶어요. '넌 할 수 있어!' 같은 이야기를 또래 친구들과 나누고 싶거든요. 가뜩이나 경쟁이 심한 세상이다 보니 가끔 하루하루가 힘겹게 느껴지는데, 그럴 때 비타민의 노래가 위로가 되었으면 좋겠어요. 어른들 중에도 비타민의 노래를 들으면 아이들의 순수한 목소리가 어쩐지 힘이 된다는 분들이 많아서 그럴 때마다 뿌듯하고 감사한 마음이 들곤 해요.

★ 클레버TV의 다양한 영상 콘텐츠는 어떻게 탄생하는지 궁금해요.

사실 유튜브 채널을 운영하던 초반에만 해도 대부분의 콘텐츠를 그 주에 그때그때 기획해서 촬영했어요. 유쌤과 허쌤이 반씩 맡아서 기획하면서 촬영, 편집, 진행, 자막, 연기 지도까지 모든 과정을 직접 진행했죠. 트렌드가 워낙 빨리 바뀌다 보니 한 달 전부터 미리 계획하고 찍는 것보다 오히려 그때그때 유동적으로 새로운 콘텐츠를 생각해서 촬영했을 때 더 재미있는 결과물이 나오더라고요. 그러다 보니 예상치 못한 상황에서 갑자기 촬영을 하러 가는 경우도 있어요. "네? 시윤이가 휴대폰을 잃어버렸다고요? 그럼 촬영해야지! 기다리세요!" 하고 얼른 날아가는 식이죠.

★ 비타민 멤버들이 콘텐츠에 대한 의견을 내기도 하나요?

그럼요. 비타민 멤버들도 자기가 좋아하는 콘텐츠에 관한 의견을 자주 내요. "요즘 이런 게 인기 있는데 우리도 해봐요!" 하면서 링크를 보내기도 하고, 혹은 "저 오늘 ○○에 놀러 가요" 하면서 직접 영상을 찍어 오거나 아이디어로 제공하기도 하죠. 브이로그 같은 경우도 멤버들이 직접 아이디어를 많이 내요. '오늘의 저녁 일상'이나 '오늘은 휴대폰 안 쓰는 날' 이렇게 주제를 정해서 찍어 보는 식으로요. 특히 나예 같은 경우는 워낙 익숙하니까 "저 강릉 갔다 와서 영상 찍어 왔는데 이따가 메일로 보내 드릴게요!" 하고 혼자서 착착 진행할 때도 있을 정도예요. 클레버TV의 콘텐츠는 단일화되어 있는 게 아니라서 항상 다양한 가능성을 열어 두고 확장해 나가려고 해요. 이를테면 멤버에 따라 기획력이 좋은 친구도 있고 춤이나 노래에 두각을 보이는 친구들도 있기 때문에, 그런 장점들을 잘 보여 줄 수 있는 파생 채널도 새로 생길 수 있고요. 클레버TV를 통해 소속 멤버들이 여러 가지를 자유롭게 시도해 볼 수 있는 기회가 있는 만큼, 모두들 다양한 경험을 통해서 좋아하는 일과 잘하는 일을 찾아 나가고 있어요.

★ 하나의 영상이 나오기까지 어떤 과정을 거치는지도 궁금해요.

일단은 어떤 콘텐츠를 찍을지 기획하는 게 첫 번째 단계지요. 그 후에 스케줄을 잡고 촬영한 뒤에, 원본을 편집자에게 전달해요. 그런 다음 자막 작업자, 썸네일 작업자를 거쳐 최종적으로 영상이 업로드된답니다. 이렇게 영상이 올라가기까지 허쌤과 유쌤이 중간 중간 검토하고 최종 자막까지 전부 확인해요. 영상 하나에 최소한 네다섯 명의 작업자를 거치게 되는데, 촬영 스태프까지 포함하면 40~50명 정도가 함께 만들어 내는 콘텐츠도 있어요.

★ 저도 비타민이 되고 싶어요! 클레버에 들어가려면 어떻게 해야 되나요?

코로나19가 터지기 전에는 오디션을 봤는데 지금은 오디션을 볼 수 없는 상황이다 보니 주로 카카오채널 문의를 통해 상담하고 있어요. 다만 클레버에 들어온다고 해도 바로 활동을 할 수 있는 게 아니라 일정 기간 트레이닝을 거쳐야 하고, 또 커버 댄스팀으로 활동하거나 드라마 등 방송에 나오기 위해서는 그때그때 테스트도 통과해야 해요. 매달 배웠던 걸 과목별로 테스트해서 통과한 친구들만 촬영을 진행하거나 활동할 수 있거든요. 클레버에 들어온다고 해서 무조건 스타가 될 수 있는 게 아니라, 꾸준히 실력을 키우기 위해서 노력하는 게 훨씬 중요하다고 할 수 있어요. 대신 열심히 하는 만큼 좋은 결과물을 만들어 낼 수 있기 때문에 오늘도 모두들 진지하게 연습하고 성장하고 있답니다.

★ 나중에라도 오디션을 본다면, 합격하는 요령이 뭐가 있을까요?

일단 선생님들이 뭔가를 해보라고 했을 때 자신이 없더라도 "해보겠습니다!" 하고 의욕을 보이는 친구들이 멋져 보여요. "이거 한번 해볼래?"라고 했는데 "그건 못하는데요"

라고 해버리면 이 친구가 클레버에 들어온 후에 선생님들이 가르치는 대로 잘 따라오지 못할 수도 있겠다는 걱정이 되거든요. 그래서 웃는 얼굴로 긍정적인 태도를 보이는 친구들을 주로 뽑으려고 해요. 실력 자체가 중요하다기보다 얼마나 성장할 수 있는지를 보는 거예요. 오디션에서 통과한다고 해도 그 후에 기초적인 것들을 다시 배우고 단계별 테스트를 통과해야 하는데, 처음엔 너무 잘했던 친구가 6개월이 지났는데도 그대로일 수도 있고, 처음엔 잘 못했어도 적극적인 태도로 임했던 친구들은 성장할 수도 있거든요. 그러니까 결론적으로는 배우려는 자세, 그리고 계속 성장하려는 열려 있는 태도가 중요한 거죠. 못하는 걸 보여 주기 싫어서 위축되기보다는 못하더라도 선생님들의 피드백을 듣고 배우려는 자세가 훨씬 예뻐 보인답니다. 그러니 완벽하지 못한 걸 두려워하지 않았으면 좋겠어요. 비타민도 처음부터 잘했던 게 아니라, 많은 연습과 도와주시는 분들의 손길을 통해서 여러분이 보는 멋진 모습으로 완성되는 거거든요.

★ 비타민 멤버들은 오디션을 봤을 때 어땠나요?

비타민 멤버들도 처음에는 다들 많이 긴장하고 떨었죠. 하지만 다들 긍정적이고 적극적인 친구들이라는 게 인상적이었어요. 떨면서도 '저는 뭐든 다 해보고 싶고 잘할 수 있어요'라고 말하는 듯한 태도가 공통적으로 있었던 것 같아요. 오히려 실력적으로 완벽하다고 생각한 친구는 단 한 명도 없었어요. 다들 처음엔 서툴렀지만 의욕적으로 배우면서 점점 성장해 나가고 있는 거죠.

★ 비타민이 되면 어떤 수업을 받게 되나요?

비타민은 현재 주 2회 댄스, 주 1회 보컬, 주 1회 연기 수업을 받고 있어요. 본격적으로 비타민 멤버가 되면 클레버에 소속된 다른 친구들에 비해 트레이닝의 질과 양이 완전히 달라져요. 축구로 치면 유소년 국가대표 정도의 느낌이기 때문에 정말 이 일을 좋아해야 하고, 취미를 넘어서 프로 정신이 없으면 힘들 정도라고 봐야 해요. 보통 분기별로 한 번씩, 일 년에 앨범 네 개를 내는 게 목표라서 녹음하고 뮤직비디오를 찍다 보면 일 년이 다 간답니다. 지금의 비타민 멤버들은 스스로 프로라고 생각하기 때문에 힘든 연습도 항상 진지하게 해내고 있어요.

★ 키즈돌이 되기 위한 트레이닝은 많이 힘든가요?

사실 친구들과 한창 놀고 싶은 시기에 매일 연습실에 와서 몇 시간씩 연습하고 수업 받는 게 쉬운 일은 아니에요. 처음에는 이런 스케줄 자체를 힘들어하는 친구들도 많아요. 영상이나 무대 위에서 보이는 모습은 예쁘고 멋있지만, 그 무대를 만들기 위해 뒤에서 들이는 시간과 노력은 어마어마하죠. 보이는 게 다가 아니고, 여러분이 생각하는 것과 많이 다를 수 있어요. 체력적으로도 힘들고 마냥 예쁘고 멋진 일만 있는 건 아니거든요. 클레버에 들어오고 싶어하는 친구들에게도 저희가 미리 여러 차례 이런 얘기를 해줘요. 그런데 처음에는 정말 하고 싶다고 의욕을 불태우던 친구들도 어느 순간부터 친구들이랑 노는 게 너무 중요해져서 활동을 포기하게 되는 경우가 많아요. 그것도 본인의 우선순위에 따른 선택이니 어쩔 수 없지만, 내가 정말 하고 싶은 일인지 고민해 보고, 그리고 그 일로 인해 포기할 수밖에 없는 것들이 생긴다는 것에 대해서도 꼭 한 번쯤 생각해 봤으면 좋겠어요.

★ 비타민이 유명해지면서 악플도 달리는데 그런 건 어떻게 대처하나요?

사실 비타민처럼 어린 친구들이 악플 같은 걸 접하게 되는 현실 자체가 많이 안타까워요. 최대한 악플을 보지 않게 하려고 하지만, 인터넷을 하다 보면 아무래도 댓글로부터 완전히 격리될 수가 없잖아요. 그렇다 보니 악플에 대한 멘탈 관리도 중요하기 때문에 비타민 멤버들에게 설명을 많이 해주고 있어요. 동화책에서 얻는 교훈처럼 미화해서 말하기보다 오히려 어른들의 눈높이로 냉정하고 정확하게 이야기를 해요. 비타민은 이미 프로이기 때문에 일종의 면역력을 키우고 자신의 멘탈을 지켜야 하니까요. 악플 같은 것을 어떻게 받아들이고 어떻게 무시해야 하는지, 이게 나에게 어떤 영향을 줄 수 있는지 등에 대해 많이 얘기하죠. 사실 악플이 많이 줄긴 했지만, 그래도 여전히 저희가 고민하고 있는 부분이랍니다. 간혹 비타민 영상을 처음 보는 사람들이 무조건 부정적인 시선으로 악플을 달기도 하는데, 시간이 지나면 그 친구들이 다시 와서 사과를 하는 경우도 많아요. "제가 비타민을 처음 봤을 땐 안 좋은 글을 남겼는데 그때 왜 그랬는지 모르겠어요. 잘못했어요"라면서 반성을 하더라고요. 악플 자체는 물론 나쁘지만, 한편으로는 관심이 커지는 과정일 수도 있다고 생각하면서, 나 자신을 지키고 또 상생하는 방법에 대해 서로 대화를 많이 하고 있어요.

★ 한 달에 한 번씩 있는 클레버 정기 공연은 어떻게 준비하고 진행되나요?

클레버 정기 공연은 클레버에서 진행하는 가장 큰 행사예요. 클레버에 소속된 친구들이 매달 주어진 과제를 연습하고 통과하면 공연 무대에 오를 수 있게 되는데요. 보통 여섯 팀이 한 곡씩 공연하고 피어스와 비타민이 마지막에 두세 곡씩 공연을 하죠. 어떨 땐 보컬 팀이나 연기 팀이 참여하기도 하고, 공연마다 다른 콘셉트와 레퍼토리로 보통 한 시간 반 정도 진행해요. 공연할 때마다 400여 명 정도 관객분들이 들어오세요. 선착순 입장이다 보니 새벽 네다섯 시부터 와서 기다리는 팬분들도 많고, 아무래도 어린 친구들이 오다 보니 부모님들이 대신 줄을 서주느라 고생도 많이 하시더라고요. 그래서 기다리는 게 지루하지 않도록 공연 전에도 여러 가지 이벤트를 진행하고 있어요. 무대 인사나 사인회 같은 걸 추가해서 공연 시간을 포함해 하루 전체를 다 같이 즐길 수 있도록 만들려고 해요. 그래서 클레버와 함께하는 하루가 하나의 행사이자 문화처럼 정착할 수 있었으면 하는 바람이에요. 더불어 올해는 코로나 때문에 정기 공연을 하지 못하고 있어서, 온라인 라이브(비대면 공연)로 대신하여 진행하고 있는데요. 코로나가 종식되면 단독 콘서트 등의 계획도 있으니 많이 기대해 주세요!

★ 팬들에게 비타민이 어떤 존재가 되길 바라시나요?

말 그대로 비타민처럼, 여러분이 지쳐 있을 때에도 힘을 줄 수 있는 존재가 되었으면 좋겠어요. 어떤 버스 기사님은 차에 비타민 CD를 틀어 놓고 운전한다고 하시더라고요. 앨범을 20~30장씩 사서 가지고 다니면서 알아보는 친구들이 있으면 한 장씩 선물하시기도 한대요. 버스에 노래를 항상 틀어 두면서 힘을 내신다고 해서 저희도 너무 놀랍고 감사했어요. 이렇게 비타민이 누군가에게 힘이 되고 즐거움을 줄 수 있다니 더없이 뿌듯해요. 더불어 비타민이 또래 친구들에게 긍정적인 영향을 줄 수 있도록 바르게 성장하는 것도 중요하다고 생각해요. 그래서 단순히 연기, 춤,

노래 실력만 키우는 게 아니라 역사 등 기본적인 상식에 대해서도 많이 배우고, 건전하고 건강한 마인드를 가질 수 있도록 함께 노력하고 있어요. 아직 어린 친구들이기 때문에 나중에 아이돌이 되지 않더라도 기본적으로 한 인격체로서 좋은 사람으로 성장하도록 이끄는 게 선생님들의 중요한 책임이라고 생각하거든요. 그런 인격적인 성장을 통해 또래 친구들과 좋은 영향력을 공유하고 공감할 수 있는 건강한 문화를 이끌어 나가길 바라고 있답니다.

★ **클레버 E&M의 앞으로의 계획을 간단히 소개해 주세요.**

노래, 춤, 연기 등에 소질이 있는 재능 있는 어린 친구들이 많은 데 비해 국내에서는 이 아이들이 자신의 재능을 펼쳐 보일 기회가 많지 않잖아요. 그래서 클레버TV를 통해 앞으로도 더욱 다양한 모습을 보여 줄 수 있는 더 많은 기회를 만들어 가려고 합니다. 올해는 클레버가 투자도 받는 등 여러 가지로 성장하고 있어서, 점차 콘텐츠를 고급화하는 방향도 고민하고 있어요. 영상도 지금까지는 그때그때 기획해서 찍었다면, 이제 여러 작가님들과 함께하면서 기존에 했던 것과 다른 좀 더 다양한 것들을 추구하려고 하고요. 비타민이 점점 성장하고 프로가 되고 있는 만큼 클레버도 하나의 기획사, 그리고 제작사로서 같이 성장해 나가며 발맞추려고 해요.

★ 마지막으로 비타민의 팬들에게 한마디 부탁드려요.

음악은 단순히 음원이나 영상 하나를 듣거나 보는 데서 끝나는 게 아니라 사람들이 감정을 공유하게 하는 힘이 있잖아요. 팬분들이 내가 행복했던 순간, 힘들었던 기억, 쌓여가는 시간들을 비타민의 노래와 함께 공유할 수 있었으면 좋겠어요. 어떤 공연은 그 안에 우리의 추억이 고스란히 담겨 있잖아요. 그래서 그때의 내 기분과 감정을 떠올릴 수 있죠. 비타민도 반짝 하고 사라지는 게 아니라, 팬들과 같이 공감하며 자라나는 아이돌이 되었으면 해요. 비타민이 팬분들과 같이 나이가 들면서 초등학교 때의 일상, 또 사춘기 시기의 생각들, 나중에는 입시에 대한 고민까지 같이 노래하면 좋지 않을까요? 또래 문화를 함께하며 공감하고 성장해 나가는 비타민이 될 수 있도록 많이 지켜봐 주시고, 사랑해 주세요.

안녕, 클레버

2021년 2월 3일 초판 1쇄
2021년 2월 4일 초판 2쇄

지은이　김나예, 남상욱, 오시윤, 정사랑, 황채민
펴낸이　박영미
펴낸곳　포르체

편　집　원지연
마케팅　문서희

출판신고 2020년 7월 20일 제2020-000103호
전화 02-6083-0128 | 팩스 02-6008-0126

ⓒ 클레버 E&M(저작권자와 맺은 특약에 따라 검인을 생략합니다)
ISBN 979-11-971873-9-1(43300)

포르체는 여러분의 소중한 원고를 기다립니다.
porchebook@gmail.com